JN223419

岩崎育夫

現代アジアの
民主と独裁

なぜ民主主義国で二世指導者が生まれるのか

中公選書

はじめに

国家形成

本書は、第二次世界大戦後に独立したアジアの各国が、どのような指導者のもとで、どういった国家形成を試みたかをみたものである（本書での「アジア」は、中央アジア、西アジアを除いた東アジア、東南アジア、南アジアを指す）。具体的には、国家形成と指導者という二つの視点から、アジア諸国を全体的に捉え、横並びで比較して考察した。

まず、国家形成に注目するのは、次のような意味においてである。

アジア諸国は、第二次世界大戦が終わった一九四五年以降、独立を達成すると、ほぼすべての国が独立指導者のもとで国を維持・発展させた。本書はこの営為を国家形成と呼ぶ。指導者が目標やスローガンを提示し、かつ、それを実現するのに必要な制度や政策を実施することを指す。

アジアは中国、モンゴル、タイ、それに東アジアを植民地化した日本などを除いて、ほとんどすべての国が欧米諸国の植民地になったが、二十世紀になると多くの国で独立運動が始まり、各地で独立指導者が登場した。インドのガンディー、ベトナムのホー・チ・ミン、インドネシアのスカルノ、ミャンマーのアウンサンなどが、その代表に挙げられる。

第二次世界大戦が終わると、各国は独立を回復したが、実際に独立した年は国によって違う。一九四五年に独立宣言をしたものの、独立戦争を強いられたインドネシアとベトナムを別にすると、四六年にアメリカから独立したフィリピン、翌四七年にイギリスから独立したインドとパキスタンから、八四年にイギリスから独立したブルネイまで、大きな開きがある。その理由はいくつかあるが、アジア側の最大の要因は、民族や宗教や地域などで分節する住民の間で、独立後の政権体制についての合意ができていたかどうか、担い手集団が形成されていたかどうかにあった。これが国家形成のあり方に強い影響を与えたのである。

ひとたび独立すると、独立指導者が大統領や首相に就任して（民主主義国と社会主義国で呼称が違う）、国家形成が始まった。主な指導者を挙げると、インドのネルー、インドネシアのスカルノ、マレーシアのラーマン、シンガポールのリー・クアンユー、北朝鮮の金日成《キムイルソン》などである。植民地ではなかったが、中国の毛沢東《もうたくとう》もこの一人に加えられる。

これらの指導者のもとで始まった国家形成において、改革の対象や建設の目標は、大きく分けて次の三つがあった。

一つめが伝統社会の改革である。伝統社会とは、中国の儒教に支えられた上下の身分と秩序が厳格な社会、インドのヒンドゥー教のカースト制度によって人びとが歴然と差別された社会、などである。二つめが植民地社会の一掃である。それは、一握りの豊かな層と無数の貧しい層に分裂した社会、植民地統治における分割統治の結果生まれた、民族や宗教などで国民が分断された社会などである。三つめが新たに構築を目指した社会である。民主主義を志向した国は、国民が自由で平等な社会、社会主義を志向した国は、持てる層による搾取《さくしゅ》を根絶して国民が経済的に平等な社会である。ただ、これらすべてが目標にされたのではなく、このうちのいくつかが国家形成における目標

表1　アジア15ヵ国の独立年

国名	独立年
東アジア	
韓国	1945（日本）、1948（分断国家）
北朝鮮	1945（日本）、1948（分断国家）
中国	独立維持、1949（分断国家）
台湾	1945（日本）、1949（分断国家）
東南アジア	
フィリピン	1946（アメリカ）
インドネシア	1945（オランダ・独立戦争）
シンガポール	1963（イギリス）、1965（マレーシア）
マレーシア	1957（イギリス）
ベトナム	1945（フランス・分断国家・独立戦争）
タイ	独立維持
ミャンマー	1948（イギリス）
南アジア	
インド	1947（イギリス）
パキスタン	1947（イギリス）
バングラデシュ	1947（イギリス）、1971（パキスタン）
スリランカ	1948（イギリス）

（注）カッコ内の国名は植民地時代の統治国。
（出所）筆者作成。

とされた。

これを受けた国家形成がどのようなものだったのか、それを示すスローガンをいくつか挙げると、一九五〇年代のインドの「社会主義型社会」、スリランカの「シンハラ・オンリー政策」、六〇年代のミャンマーの「ビルマ式社会主義」、インドネシアの「新秩序」、七〇年代のフィリピンの「新社会」、マレーシアの「ブミプトラ政策」、中国の「改革・開放政策」、八〇年代のベトナムの「ドイモイ政策」、それに六〇〜八〇年代の「開発主義国家」などとなる。これらにより伝統社会や植民地社会の残滓《ざんし》を一掃して、新たな社会を創ることを目指したのである。

ただ、このスローガンが語るように、アジア諸国は歴史的に形成された社会構造や民族文化、加えて、それぞれの国が置かれた、王朝国家時代や植民地時代の政治、経済、社会状況が違うことから、国家形成の目標、内容、実施過程は決して一様ではなかった。また、指導者一代で達成されたのではなく、次の指導者に引き継がれた国も少なくなかった。他方では、選挙やクーデタなどで指導者が交代すると、それまでの国家形成が否定されて、全く異なる目標や内容の国家形成が唱えられた国も多かった。国家形成は決して一つの道ではなく、さまざまな道があり、かつ試行錯誤の道なのである。

指導者

次いで、指導者に注目するのは、次のような意味においてである。

国家形成において、選出方法や役割が違うとはいえ、指導者を必要とすることは言うまでもない。

期待された役割と任務がさまざまにあるなかで、最も重要なのが、国を維持し発展させて、国民の生活を護ることである。このうち国の維持は、国内のさまざまな集団の争いを調停して秩序を創出・維持すること、それに外国勢力の攻撃や侵略、あるいは紛争が起こった際に軍隊を指揮して、国土と国民を護ることである。そして、国の発展は、何らかの目標やスローガンを掲げて、それを実現するための制度や政策を導入して国民の一体感を高め、社会を強靭化すること、それに経済開発を促進して国力を強化し、国民生活を向上させることである。

指導者の人数は、集団指導制のもとで複数いた国もあったが、ほとんどの国で一人である。また指導者の呼称は、王朝国家では皇帝や国王やスルタンなど国によってさまざまだが、現代民主主義国家では、大統領（大統領制）か首相（議院内閣制）に絞られる。

王朝国家では、軍事力で実権を握った強者が指導者に就き、死後は世襲原理で継承されるのが一般的だった。すなわち、後継指導者は本人の統治能力や国民の意向とは無関係に、血統を原理に創設者の二世や三世に継承される。これが世襲国家であり、アジアだけでなく、ヨーロッパや中東など世界各地で多くみられた。

しかし、近代になるとヨーロッパ諸国で指導者を世襲ではなく、広く国民が選ぶ方式が登場した。この背景には国家の主権、すなわち国家は誰のものかという問題に関して、王朝国家のように創設者のものではなく、国家の構成員である国民のものであるという政治思想が登場したことがあった。これが国民主権の民主主義国であり、そこでは国民が選挙によって指導者を選出する方式が一般的になった。

アジア諸国は第二次世界大戦後に独立すると、多くの国が国民主権の民主主義国を選択したので、少なくとも形式的には指導者が国民による選挙で選ばれるようになった。本書は、その最初の指導者を一世指導者と呼ぶことにする。ただ、国民は指導者を選ぶ「権利」を持ったとはいえ、どのような国家形成を行うのかについては、ほとんどの国で権力を握った指導者に委ねられた。

このように、ある指導者のもとで国家形成が進められたことから、指導者の思想や政治観や人間像が国家形成の内容と密接な関わりがあることは言うまでもない。しかし、ある指導者の多面的な顔のすべてをみることは不可能であるし、また、本書の目的でもない。これを中国の毛沢東の例で説明してみよう。

毛沢東は研究者によってその評価はさまざまである。ある人は不世出の偉大な思想家と称え、ある人は飽くことなき権力主義者と非難し、ある人は永久革命を目指す理想主義者とみなし、ある人は戦略戦術に通じたリアリストとみている。これらは、いずれも毛沢東の多面的な顔の一つであり、これらを総合したのが、毛沢東の人間像だったことは確かだ。しかし本書の関心は、毛沢東の人間像の解明ではなく、毛沢東が指導者としてどのような国家形成を行ったのか、そのためにどういう政策をとったのか、それが現代中国に持った意義は何かをみることである。換言すると、もっぱら国家形成との関連で指導者・毛沢東をみることにある。

とはいえ、指導者の人間像が、国家形成の内容と過程に強く影を落としたことも否定できない。そのため、その人間像に少しでも接近するための手だてとして、主な指導者の国家形成を検討するに先だって、指導者になるまでの生い立ちなどの概要（バックグラウンド）をみることを試みた。

これが、国家形成を理解するさいの手助けになると考える。

また、本書が注目するのは、一世指導者の統治が終わった後、多くの国でその血縁者、すなわち息子や娘などの二世指導者が登場したことである。インドの初代首相ネルーの死後、娘のインディラ、孫のラジブが首相に就任したことが代表例に挙げられるが、日本や韓国、インドネシアやシンガポール、スリランカなど多くの国にみられた現象でもあった。二世指導者はアジアのほぼすべての国でみられ、王朝国家の継承原理の「復活」とみることすらできる。

王朝国家は、支配者の独裁と血縁に基づいた支配者の継承という二つを基本原理とするが、なぜ国民が指導者を選ぶ民主主義国で、王朝国家の継承原理に基づいた二世指導者が生まれるのだろうか。これが本書のもう一つの疑問と関心である。具体的には、なぜ国民は二世指導者を選んだのか、一世指導者と二世指導者では国家形成の目標や政策、それに統治手法に違いがあるのか、それともほとんど同じなのか、といったことである。

見方を変えると、現代アジアの政治は民主と独裁の間に位置している。一方の軸に民主を、もう一方の軸に独裁を置いた構図を描くと（その中間が権威主義）、アジア諸国は、民主から独裁に移行した国、独裁から民主に移行した国、独裁にとどまったままの国、それに民主と独裁の間を彷徨《さまよ》っている国からなっていることがよく分かる。アジア諸国の国家形成と指導者の問題をどう解くか。これが、タイトルを『現代アジアの民主と独裁』にしたゆえんである。

共通性と特性

アジア諸国の独立から現在までの約五〇～八〇年の過程で、その国の現在の姿を形づくった主な指導者に焦点を絞って、その国家形成の概要と特徴をみることにより、浮かび上がってくるのは、アジア諸国の共通性と各国の特性である。

共通性と特性をもう少し説明すると次の通りである。アジア諸国の歴史的に形成された伝統社会と民族文化はそれぞれに違うが、近代以降は植民地化―独立―国家形成と、同じ歴史時間と政治過程を経験した「共通性」を持っている。

とはいえ、植民地化された時期、独立した時期に違いがあるし、何よりも、いまみたように国によって独立後の国家形成の内容が違う。この観点からアジア諸国の国家形成をみると、目指した方向、内容と方策だけでなく、結果も、何とか成功した国、部分的に成功した国、ほぼすべてに失敗した国など、さまざまである。そのため、どのような国家形成を掲げて、その何に成功し、何に失敗したかを検討することで、各国の違い、すなわち「特性」が浮かび上がってくるのだ。

現在アジアには二四ヵ国があり（台湾も一つの国とする）、すべての国を検討した場合、焦点が明確にならない恐れがあり、何よりも事典のようになってしまう。そのため、採り上げる国は、指導者の統治が一定期間続き、国家形成と指導者との関連が顕著で、現在もそれがその国の顔として残っていることを基準とした。これに従うと、東アジアの韓国、北朝鮮、中国、台湾、東南アジアのフィリピン、インドネシア、シンガポール、マレーシア、ベトナム、タイ、ミャンマー、南アジアのインド、パキスタン、バングラデシュ、スリランカの一五ヵ国が該当する。この基準に該当しな

表2　アジア15ヵ国の概要（2021年）

国名	面積（平方キロメートル）	人口（人）	国民総所得（ドル）	一人当たり国民総所得（ドル）
東アジア				
韓国	10万	5183万	1兆8311億	3万5110
北朝鮮	12万1000	2597万	169億	662
中国	960万	14億2589万	17兆6587億	1万1930
台湾	3万6000	2386万	7913億	3万3708
東南アジア				
フィリピン	30万	1億1388万	4081億	3560
インドネシア	191万1000	2億7375万	1兆1543億	4170
シンガポール	730	594万	3544億	6万3000
マレーシア	33万1000	3357万	3630億	1万0710
ベトナム	33万1000	9747万	3474億	3590
タイ	51万3000	7160万	4875億	7090
ミャンマー	67万7000	5380万	633億	1170
南アジア				
インド	328万7000	14億0756万	3兆0873億	2150
パキスタン	79万6000	2億3140万	3439億	1470
バングラデシュ	14万8000	1億6936万	4382億	2570
スリランカ	6万6000	2177万	865億	4000
日本	37万8000	1億2322万	5兆2485億	4万3450

（出所）『データブック オブ・ザ・ワールド2024』より作成。

い東南アジアのカンボジアやラオス、南アジアのネパールなどは含めない。東アジアの一部を植民地とした日本は補章で扱い、国家形成の特徴とアジアとどのように関わったかを簡単にみる。

各章は、右に挙げた順番で、独立から現在までの主な指導者に焦点を合わせ、その社会的・政治的バックグラウンド、国家形成の内容と特徴とその結果をみていく。各章の終わりでは簡単なまとめを行う。終章では一五ヵ国の実態を踏まえ、アジア諸国の国家形成が何を価値軸に行われたか、指導者をどのようなタイプに類型化できるか、それぞれの類型の特徴は何か、などについて、筆者なりの考えを述べたい。

なお、用語について説明しておきたい。指導者一族は、独立運動や独立後の国家形成を担った建国指導者(一世指導者)と、その息子や娘などの二世だけでなく、その孫、あるいは一世指導者の夫人など、一世指導者と血縁者・配偶者関係にある一群の人びとを指している。

アジアの現代史にさほど詳しくない読者でも読みやすいよう、各章の指導者の国家形成については物語風に、各章のまとめ(小括)と終章は論考風に書くように努めた。

本書のアプローチが意義あるものかどうか、これによってアジア全体の姿や各国の顔が浮かび上がったかどうか、読者の忌憚のない批判に委ねるしかないが、本書を読み終えた読者が、アジア諸国の国家形成とそれを担った指導者の営為と苦闘を通じて、それぞれの国が何を目指したのか、今後どこに向かうのか、それに世界のなかでみたアジアの特徴をつかみとってもらえたならば幸いである。

現代アジアの民主と独裁　目次

現代アジアの民主と独裁

——なぜ民主主義国で二世指導者が生まれるのか

第一部　東アジア

第1章　韓国——朴正煕「維新体制」

韓国は、第二次世界大戦が終わって三年後の一九四八年八月、北緯三八度線を境として、北朝鮮とともに朝鮮半島の分断国家として誕生した国である。歴史的、政治的、文化的に中国の強い影響を受け、中国経由で仏教と儒教を受容した。近代にはキリスト教が伝来している。二十世紀初めに日本の植民地（一九一〇～四五）となったが、第二次世界大戦後、植民地支配を脱した。

分断国家になった原因は、第二次世界大戦後、アメリカとソ連がイデオロギー的、軍事的、政治経済的に対立した冷戦に朝鮮半島が巻き込まれたことにあった。すなわち、朝鮮半島の北半分をソ連軍が、南半分をアメリカ軍が占領し、両国がともに朝鮮半島に自分たちの影響力を持った国を創ろうとしたことから、アメリカに支援された韓国、ソ連に支援された北朝鮮という二つの分断国家が誕生したのである。

一九五〇年六月に北朝鮮軍が分断国家の統一を目指して韓国に進攻したため朝鮮戦争（一九五〇～五三）が勃発した。韓国を国連軍（実質的にアメリカ、フィリピンとタイも加わった）、北朝鮮を中国とソ連が支援したために国際紛争になり、朝鮮半島全域が戦場になったことから、両軍あわせて戦闘員死者が九〇万人ほど、民間人死者が一〇〇万人を超えた。一九五三年七月に停戦が実現したが、現在も戦争状態は終結していない。

独立後、韓国は民主政のもとで、李承晩《イスンマン》を指導者に統一を掲げて国家形成を開始した。李承晩が独裁化すると国民の反発を招いて民主政になったが、冷戦下の地域環境が強く影を落として、一九六一年に軍人朴正熙《パクチョンヒ》が主導したクーデタが起こり軍政になった。分断国家が指導者のタイプと国家形成のあり方を規定したのである。その後、軍政のもとで経済発展を遂げ、冷戦が終焉した一九八〇年代後半の民主化運動によって、軍政から民主政に転換し、現在に至っている。

本章は、韓国の指導者がどのような目標と内容の国家形成を進めたのか、どういった政治過程を経て軍政から民主政に転換したのか、独裁の李承晩政権、軍政の朴正熙政権、それに民主化を進めた政権の指導者を中心にみていく。

李承晩政権の国家形成――反共と独裁

初代大統領に就任したのが李承晩（一八七五～一九六五）である。李承晩は黄海道で、王族家系に属する社会エリートの両班《ヤンバン》（文官・武官の総称）の家に生まれ、若いときに儒学を規範にする官僚試験の科挙を目指した。一八九四年に科挙が廃止されると、一転して儒学を捨て、朝鮮の近代化を志向する知識人の一群からなる開化派の一員になり、朝鮮の独立を護るために創られた独立協会に参加した。しかし、開化派の運動は政府に弾圧され、一八九八年に李承晩は首謀者の一人として逮捕・投獄された。

一九〇四年に特赦で出獄するとアメリカに渡り、ワシントン大学やハーバード大学で学び、プリンストン大学で哲学博士号を取得して、これを取得した最初の韓国人になった。その後もアメリカにとどまり、一九一〇年に日本の植民地になった朝鮮の独立のために、アメリカ政府の支援を求める活動を行った。このときのスタンスと経験が、李承晩の国家観と政治観を反共・親米にしたのである。

第二次世界大戦が終わると一九四五年十月に、約四〇年に及んだ亡命生活を終えて帰国し、反共政権の創設に動き、四八年に韓国が創設されると、初代大統領に就いた。「建国の父」と呼ばれた李承晩は、学者タイプの指導者に属し、このとき七十三歳だった。

李承晩政権（一九四八～六〇）の国家形成は分断国家の統一に置かれ、そのスローガンとして「北進統一」、それに「滅共統一」が掲げられた。冷戦が朝鮮半島を覆うなかで、反共イデオロギーで韓国の国民意識を糾合して、統一を達成しようとしたのである。

朝鮮戦争中の一九五二年に大統領選挙が実施されて、四人の候補者が出馬したが、結果は、李承晩が総投票数七〇三万票のうち五二三万票（七四パーセント）を得る圧勝となった。朝鮮戦争をアメリカの軍事支援で何とか乗り切ると、李承晩は絶大な権威のもとに長期政権、すなわち独裁の構築を目指した。この背景には、李承晩政権は民主政で出発したものの、いつ北朝鮮との間で統一戦争が起こるか分からない緊張した情勢が続いたことから、独裁によってこれに対処して統一を達成しようと考えたことがあった。

李承晩政権のキーワードは独裁にある。これは、いまみた一九五二年大統領選挙のさいに、警察を動員して対立候補への選挙干渉を行ったことに端的に表れていた。李承晩が八十四歳のときに四選を目指した一九六〇年大統領選挙では、政権のスキャンダルに対する国民の批判が厳しかったことから、自分と副大統領候補を当選させるために大規模な不正行為を行った。独裁者の典型的な選挙方式である。

独裁を強めた李承晩政権に対して、一九五〇年代末に学生を中心に民主化運動が起こり、一八六人の死者が出る惨事になった。この結果、一九六〇年五月に李承晩は辞任を余儀なくされ、夫人とともにハワイに亡命し、六五年に同地で死去した。これが「学生革命」である。興味深いことに、これは第5章でみるフィリピンの独裁者マルコス大統領夫妻の退陣・ハワイ亡命と全く同じである。その理由の一つとして、両国ともに独裁者がアメリカの後ろ盾で支えられていたことが指摘できる。

李承晩退陣後、民主的政権が誕生したが、独裁体制の崩壊にともなう急激な民主化と自由化、それに新政権が北朝鮮に対して融和政策をとったこともあり、政情が極めて不安定になり、軍事緊張が高まった。ここから一九六一年に軍人朴正熙のクーデタが起こり、軍政に転換したのである。

朴正熙のバックグラウンド

クーデタを主導した陸軍少将・朴正熙（一九一七〜七九）は、日本植民地時代に慶尚北道で貧農の末っ子に生まれた。村の普通学校で学んだが、これは貧農の子には珍しいことだったという。大邱《テグ》師範学校を卒業すると小学校教員になったが、学校の方針に反発して辞職した。

一九四〇年に、実質的に日本の植民地であった中国の東北地方（満洲国）に移り、新京軍官学校で学び、優秀な成績で卒業した。その後、日本の陸軍士官学校に編入して一九四四年に卒業すると、満洲国陸軍少尉に任官し、翌四五年に日本が敗戦したときは満洲国陸軍中尉だった。

第二次世界大戦が終わると朴正熙は満洲から朝鮮に戻り、アメリカ軍政下の一九四六年に朝鮮警備士官学校に入学し、卒業すると朝鮮国防警備隊小隊長に任命された。一時期除隊したが、一九五〇年に勃発した朝鮮戦争を契機に現役に復帰し、第二軍副司令官少将だった六一年五月にクーデタを起こして実権を握ったのである。このような経歴から、朴正熙は典型的な軍人タイプの指導者に属する。アジアにはミャンマーのネ・ウィン、インドネシアのスハルトなど、日本が育成した軍人で、その後、指導者になった者が少なくないが、朴正熙はその一人である。

朴正熙（1917-79）

朴正熙はクーデタを革命と呼び、その目的は、反共体制の整備、政党政治家などの腐敗と不正行為の一掃、国民救済などにあると唱えた。具体的には、クーデタを軍事革命委員会の名のもとに実行し、後に、革命委員会を国家再建最高会議に変えて議長に就任した。同会議の発足にともない、すべての政党と社会団体が解散させられ、新聞や雑誌の統制も強化された。この結果、議会の権限が国家再建最高会議に委譲されただけでなく、朴正熙は行政権と司法権も掌握して、独裁体制を構築したのである。その後、軍政から民主政への転換を行うが、これは軍人独裁政権の一つのパターンである。

クーデタから二年後の一九六三年に朴正熙は軍を退役し、政党を解禁して自ら民主共和党を創り、国民の直接選挙による大統領選挙を実施した。選挙では、朴正熙が約四七〇万票を獲得したのに対し、対立候補が約四五五万票を獲得、接戦と言える状況だったが、これにより形式的ながらも軍政から民主政に衣替えしたのである。同年に実施された議会選挙でも、民主共和党が一七五議席のうち一一〇議席（約六三パーセント）を獲得して、朴正熙の支配体制を万全なものにした。

朴正熙政権の国家形成1——独裁体制の構築

留意すべきは、朴正熙のクーデタは一度だけではなかったことだ。大統領在任中の一九七二年にも「維新クーデタ」を行ったのである。このクーデタの対象は前回と違い、自分自身の政権だったことに違いと特徴があった。奇妙な行動の背景には、韓国をめぐる地域関係の緊迫した変動を指摘できる。

冷戦が始まると、アメリカはアジアで社会主義国・中国の「封じ込め」政策をとった。しかし、ベトナムの共産主義化を阻止するために介入したベトナム戦争（一九六五〜七五）が失敗であることが分かると、アメリカはベトナムを背後で支える中国との融和政策に転じ、一九七一年にニクソン大統領が中国を訪問して関係を改善した。朴正熙は、これによってアメリカに支えられた韓国の安全保障が危うくなると危惧し、体制を強化するために「上からのクーデタ」を敢行したのである。すなわち、独裁体制によって、新たな状況に対処しようとしたのである。

一九七二年十月に非常戒厳令を公布し、韓国が直面する事態に対処するには、非常措置によって体制改革を断行する必要があると唱えて、議会の解散、政党活動の中止を命じ、大統領に権限を集中した新憲法を制定した。これら一連の措置は日本の明治維新にちなんで「十月維新」と呼ばれた。新憲法は大統領任期を四年から六年に延長し、三選禁止規定が盛り込まれなかったことから、朴正熙の無期限の独裁が「制度化」された。朴正熙はその後の選挙でも当選して、一六年間大統領を務めた。

朴正熙政権（一九六一〜七九）の特徴として二つが挙げられる。一つは、選挙で選ばれたとはいえ、野党や国民の政治活動を抑圧するなど実質的に独裁だったこと（選挙を行ったのは、国民に選ばれたという正当性を確保するためだった）、もう一つは、この絶対的政治基盤のうえに、独裁を正当化するために、国家形成の目標の一つに掲げた経済開発を推進したことだった。

まず、朴正熙政権が国民を厳しく管理する独裁だったことを示すのが、クーデタで実権を握った一九六一年に、アメリカのＣＩＡに倣って韓国中央情報部（ＫＣＩＡ）を創設して、国民を管理する抑圧機関にしたこと、六七年に大統領に再選されたが、その後、三選禁止の憲法を改正して七一年大統領選挙に出馬して勝利したことである。そして、その仕上げともなったのが、いまみた維新体制の構築だった。憲法を改正して、大統領選出をこれまでの直接選挙から間接選挙に代え、大統領に緊急措置発動権や議会解散権などを与えたのである。

独裁につきものの政権反対派の抑圧を象徴する一つが、一九七一年の大統領選挙で敗れたものの、得票で朴正熙に迫った野党政治家・金大中《キムデジュン》を日本亡命に追い込み、七三年には東京滞在中の金を拉致して抹殺を試みたことだった。これらは朴正熙政権の「暗の顔」と言えるものだった。

朴正煕政権の国家形成2——「開発主義国家」による経済発展と暗殺による終焉

朴正煕政権の「明の顔」は、経済開発の推進である。クーデタで実権を握った翌一九六二年に「第一次経済開発五ヵ年計画」(一九六二〜六六)を発表して開発を本格化させると、六二〜六六年の韓国経済の年平均成長率が八・五パーセントを記録したこと、六五年に国内の強い反対を押し切って日韓基本条約を締結し、日本との戦争状態を終結させて国交を樹立すると、日本からの多額の賠償金を経済開発資金として得たことなどが挙げられる。

一九七〇年代に勤勉、自助、協同をスローガンに掲げて「セマウル運動」(新しい村の意味)と呼ばれた農村開発を開始したことも、その一つだった。具体的には、農民の意識改革、農村の近代化、所得の向上、農業生産力の拡大を進めた。一九七一〜八四年にセマウル運動に投資された資金は七兆二〇〇〇億ウォンにも達し、農村の近代化が工業化を支えたのである。

工業化は次のようなものだった。一九六七年に、国内で生産した工業製品をアメリカなど世界に輸出する輸出指向型工業化に転換した。これを実行するための「第二次経済開発五ヵ年計画」(一九六七〜七二)において、石油精製、化学繊維、セメント、それに総合製鉄所などの基幹産業の育成・振興を進め、その後も、造船や自動車産業などの重化学工業化を推進した。この結果、韓国は農業国から工業国に転換して、その経済発展は首都ソウルを流れる川にちなんで「漢江《ハンガン》の奇跡」と呼ばれて称賛された。

朴正煕政権の経済開発は、野党や国民の政治活動を厳しく抑圧して秩序を創出し、この政治基盤のうえに、政府（国家）に経済開発の権限を集中する体制を創り上げたものであり、これは開発主義国家と呼ばれる。開発主義国家が台湾やインドネシアやシンガポールなど、アジアの多くの国で形成されたなかで、韓国の特徴は、実質的に軍政だったこと、また、開発を担ったのが、政府が選別・育成した現代《ヒョンデ》や三星《サムスン》など限られた企業だったことにある。これらの企業は工業化過程で巨大企業グループになり、「チェボル（財閥）」と呼ばれる。

他方では、経済発展にもかかわらず、国民を抑圧する朴正煕政権に対する国民の不満は強く、しばしば反政府活動が起こった。その一つが、維新体制の構築から二年後の一九七四年に発生した、共産主義を信奉する在日朝鮮人による大統領暗殺未遂事件で、流れ弾を浴びて大統領夫人が死亡した。そして一九七九年、朴正煕は彼の人事に不満を持った側近の韓国中央情報部長の手で、宴会中に射殺された。朴正煕政権は、政権内部の軋轢《あつれき》で幕を閉じたのである。

朴正煕暗殺後、抑圧されていた国民の間で、「ソウルの春」と呼ばれた民主化運動が高まり、混乱した事態を収拾して実権を握ったのが、軍保安司令官の全斗煥《チョンドファン》（一九三一〜二〇二一）である。全斗煥は慶尚南道で貧農の家に生まれ、陸軍士官学校で学んだ。韓国がベトナム戦争に軍隊を派遣したときに派遣軍隊長を務めるなど、軍一筋の道を歩き、軍の中枢部まで進んだ。朴正煕が暗殺されると、全斗煥は政府や軍の主な実力者を逮捕し、また、南西部の光州などで起こった民主化運動に軍隊を投入して鎮圧したのである。

全斗煥は一九八〇年に大統領に就任すると、朴正煕政権の路線を継承して強権統治を行っただけでなく、経済開発政策も継承した。そのため全斗煥政権（一九八〇〜八八）は、「朴亡き朴体制」と言えるもので、朴正熙政権が築いた経済基礎のうえに、韓国は目覚ましい経済発展を遂げた。興味深いのは、経済発展が指導者と国民の政治意識を変えたことである。

「上からの」民主化

朴正熙、全斗煥と軍人政権が続いたなかで、一九八六年にフィリピンで始まったアジアの民主化の波が、同年中に国民党独裁の台湾に伝わり、さらにこれが翌八七年に韓国に波及すると、学生を中心に再び民主化運動が起こった。これは、ラテン・アメリカ、ソ連・東欧など世界的規模で起こった、アメリカの政治学者サミュエル・ハンチントンが名付けた「(第三の)民主化の波」が、アジアに波及したものだった。韓国各地でデモが起こる緊迫した状況のなか、全斗煥政権を支える閣僚の一人で、次期大統領の有力候補の盧泰愚《ノテウ》が、一九八七年六月に民主化宣言とも言える「六・二九宣言」を発表した。

盧泰愚(一九三二~二〇二一)は慶尚北道出身で、陸軍士官学校に入学し、全斗煥とは一歳下の同期で、ベトナム戦争に派遣された経歴を持つ。一九八一年に退役すると全斗煥政権の体育相やソウル・オリンピック組織委員会委員長などに就き、八五年に議会議員になった。朴正熙暗殺後の混乱を全斗煥とともに鎮圧して、全斗煥政権を支える一員になった、軍隊時代からの盟友である。

韓国政治の転換点になった民主化宣言(とその後の憲法改正)の主な内容は、政治犯の釈免と復権を認める、大統領任期を七年から五年として、再選を禁止し、国民の直接選挙とするなどからなり、これは軍政との決別宣言でもあった。この宣言に至った背景、すなわち民主化の要因として、経済発展にともない国民の政治発言力が増大したこと、分断国家の韓国を支えるアメリカの民主化圧力、それに軍人指導者が、政権を維持するには民主化を避けられないと考えたことが指摘できる。

民主化宣言を受けて実施された一九八七年大統領選挙では、野党が候補者を一本化できなかったこともあり、盧泰愚が勝利して大統領に就任した。これまで指導者の交代は、クーデタなど政変によるものだったが、これは初めての選挙によるものだった。盧泰愚政権（一九八八〜九三）は、冷戦体制の清算に努め、ソ連、中国と国交を樹立したのをはじめ、一九九一年に北朝鮮とともに国連への加盟を果たしたことが特筆される。

その後の大統領には、慶尚南道出身で漁師の家に生まれた金泳三《キムヨンサム》（在任一九九三〜九八）、全羅南道出身で村長を父に生まれた金大中（同一九九八〜二〇〇三）、慶尚南道の貧しい農家に生まれた盧《ノ》武鉉《ムヒョン》（同二〇〇三〜〇八）、大阪に生まれて第二次世界大戦が終わると帰国した李明博《イミョンバク》（同二〇〇八〜一三）が就いた。注目されるのは、彼らのバックグラウンドは政党人、弁護士、企業経営者などで、軍人がいないことである。このうち、金泳三は二十六歳で議員に当選して政治家になり、盧武鉉は苦学の末に弁護士になった人権派弁護士として知られ、李明博は高麗大学在学中に日韓条約反対の学生デモを組織して投獄された経験を持ち、卒業後、韓国有数の財閥である現代グループに入り、敏腕経営者として名を馳せた。

彼らは韓国で軍人指導者の時代が終わり、政党人などが指導者に就く体制が定着したことを語っている。軍政と独裁を終えた直後の韓国政治は、民主化前から政党活動をしていた金泳三、金大中、金鍾泌《キムジョンピル》の三人の名にちなんで、「三金政治」（政党政治の意味）と呼ばれ、これは政党政治を意味した。

朴槿恵政権の国家形成——挫折した統治

二〇一二年の大統領選挙で当選したのが、朴槿恵《パククネ》（一九五二〜）である。朴槿恵は慶尚北道の大邱出身。朴正熙の次女で、父がクーデタで実権を握ったとき九歳だった。ミッション系の聖心女子中学・聖心高校に入学し、在学中にクリスチャンになった。その後、西江大学で電子工学を学び、一九七四年に首席で卒業すると、フランスのグルノーブル大学に留学した。留学中の一九七四年に母親が朴正熙暗殺未遂事件に巻き込まれて死亡すると、母に代わってファーストレディー役を務めた。また父が暗殺された後の一九八七年に、台湾の中国文化大学から名誉博士号を授与された。

朴槿恵は一九九八年に議会補欠選挙に当選して政治家になり、ハンナラ党副代表に、二〇〇四年に同党代表になった。二〇〇七年大統領選挙ではハンナラ党内の予備選で李明博に敗れたが、一二年大統領選挙にセヌリ党（ハンナラ党から改称）から出馬して、革新系の文在寅《ムンジェイン》を破って当選した。朴槿恵は、韓国で最初の女性大統領であると同時に、最初の親子二代目の大統領でもあった（指導者一族）。

朴槿恵政権（二〇一三〜一七）の国家形成は、経済復興、国民幸福、文化興隆、平和統一の基盤構築の四つを基軸に掲げ、父の朴正熙政権の業績にあやかって「第二の漢江の奇跡」を目指した。具体的には、国民が幸せな希望の新時代を創ることを謳《うた》った。このスローガンから、韓国社会が冷戦時代から変わったことが読み取れる。

しかし朴槿恵政権はソフトなスローガンに反して、公安部や諜報機関を使って国民を管理したことから、「強権的」「独裁者の娘」などの批判を受けた。一例を挙げると、「国家保安法」による反政府活動の取り締まりは、革新系の盧武鉉政権の二〇〇八年は三一件だったが、朴槿恵政権二年目の二〇一四年には一〇二件に増えた。外交では、日本との外交問題の対応に苦慮したが、中国と緊密な交流を行った。

朴槿恵政権に打撃を与えたのが、二〇一六年末に発覚した大統領友人の国政介入問題だった。朴槿恵が友人女性に国家機密を提供して国政に関与させたという疑惑で、これが発覚すると、友人女性のために大統領職権を乱用して、疑惑を隠蔽したことも明らかになった。この結果、朴槿恵政権の支持率はわずか五パーセント程にまで落ち込み、二〇一六年十二月に議会が大統領弾劾訴追を可決して、朴槿恵の職務が停止された。そして、翌二〇一七年三月に憲法裁判所が罷免を決議して失職したのである。罷免後、朴槿恵は逮捕されて（大統領経験者の逮捕は、全斗煥、盧泰愚に次いで三人目）、二〇二一年一月に懲役二〇年、罰金一八〇億ウォンの判決を受けたが、同年末に特別恩赦を受けた。

朴槿恵政権が誕生した背景には、韓国が経済発展すると朴正煕軍政の重しが過去のものとなり、少なからぬ国民の間で朴正煕政権の功績を「再評価」する意識が生まれて、朴槿恵にそれを重ね合わせたことがあったと思われる。しかし、朴槿恵政権はさしたる成果を挙げないまま、任期途中で幕を閉じた。その一因として、父の時代と娘の時代では、指導者の統治手法をみる国民の眼が違っていたこと、すなわち、民主化後は民主主義のルールに則って政権運営を行うことを当然視するものになっていたという大きな違いがあった。

朴槿恵の罷免を受けた二〇一七年大統領選挙では、北朝鮮に対して融和政策を掲げた革新系の文在寅が当選し（在任二〇一七〜二二）、そして、二〇二二年大統領選挙では、北朝鮮に厳しい姿勢をとる、元検事の尹錫悦《ユンソンニョル》が勝利した（同二〇二二〜）。尹錫悦政権は、文在寅政権で冷え込んだ日韓関係の修復に努め、現在、両国は緊密な関係を取り戻しつつある。

小括

韓国は独立から一九八〇年代末まで、政党人と軍人の独裁政権が続いたが、八〇年代末に民主化を達成すると、民主政が定着した。アジアには独立当初は軍人の独裁だったが、その後、政党人政権への転換、すなわち、軍政から民主政に転換した国が少なくないが、韓国はその代表国の一つに挙げられる。

韓国で独裁が続いた要因の一つとして、冷戦体制のなかで生まれた分断国家だったことから、いつ戦争が起こるか分からない緊迫した地域環境が挙げられる。指導者は国内を「政治的に閉じて」（独裁）、北朝鮮に対峙しようとしたのである。興味深いのは、冷戦終焉後、北朝鮮では独裁がいっそう強化されたのに対し、韓国は民主政の道を歩んだことである。その一因は、指導者が国民の意向を無視できない民主主義国と、指導者の専制が可能な社会主義国の違いにあると思われる。

とはいえ、民主化後の韓国政治に問題がないわけではない。二つ挙げると、一つは、大統領が退任後に、腐敗や不正を追及され、起訴されるのが「定例化」していることである。退任した大統領の不正追及は、民主政が機能していることの証拠でもあるが、同時に、後任大統領が自分の統治の正しさを国民に訴えるために利用する「政治要素」が強いことを否めない。

もう一つは、多くの国で指導者が政党を基盤に統治するのが一般的ななかで、韓国は政党の離合離散が頻繁なことである。厳しい言い方をすると、政党は綱領や組織を持った団体ではなく、大統領に当選するための単なる「ラベル」に過ぎない。アジア諸国のなかで、政党が韓国と同じ「脆い」行動様式を示している国として、同じ大統領制のフィリピンが挙げられる。指導者と政党の関係、すなわち指導者の統治が政党を基盤に行われているのか、それとも政党は「飾り」に過ぎないのか、これは現代アジア政治に関わる問題の一つでもある。

国家形成の点では、もし最大の目標が「分断国家の統一」だとすると、これは未完であり、その行方も不透明である。しかし、伝統社会と植民地社会の近代化、すなわち、経済開発を推進して国民生活を向上させて、民主主義を実現するという点では、一定の成果を達成したと言える。

第2章　北朝鮮——金日成「主体思想」

北朝鮮（朝鮮民主主義人民共和国）は韓国とほぼ同時期にあたる一九四八年九月に、朝鮮半島の分断国家として誕生した国である。一九一〇年に日本の植民地となり、第二次世界大戦後、ソ連の占領下に置かれた地域が北朝鮮として独立した。

植民地時代に、日本に対して独立運動を行ったグループがいくつかあったなかで、建国後に実権を握ったのが中国とソ連を活動拠点にした金日成グループだった。北朝鮮の創設とともに金日成が指導者となり、彼の死後は息子と孫が指導者に就任して、金一族が独占する状態が続いている。そして、北朝鮮を統治する組織が、金日成が創った朝鮮労働党であり、北朝鮮は独立から現在まで一貫して同党の一党独裁下にある。この点で、北朝鮮は中国やベトナムなど共産党独裁の社会主義国と同じである。

しかし、中国やベトナムとは顕著な違いがある。それがいま指摘した、指導者を金一族が独占していることである（世襲）。指導者という観点からすると、北朝鮮は現代世界では稀な王朝国家とみなせること、換言すると、「金一族の国」であることが、最大の特徴と言える。このような国がどのようにして誕生したのか、なぜ続いているのかという疑問が湧くが、これは王朝国家の支配者の継承と同様に、周到に準備されたものだった。

本章は、金一族の三人の指導者の国家形成がどのようなものであり、何を目指したのか、三人の国家形成に違いがあるのかどうかなどをみることにする。

金日成のバックグラウンド

北朝鮮の初代指導者が金日成（一九一二〜九四）である。金日成は、朝鮮が一九一〇年に日本の植民地になった二年後に、平壌《ピョンヤン》郊外を流れる大同江畔の南里で、三人兄弟の長男として生まれた。本名は金成柱で、金日成の名前は革命運動家になったときに改名したものである。一族は農民だが、父は教育を受けたキリスト教徒で、母も小学校校長を務めたキリスト教会長老の娘でキリスト教徒だった。父は民族主義団体に参加して逮捕され、出獄後、中国の満洲で漢方医になった。残された家族も父を追って満洲に移ったが、金日成は父の指示で朝鮮に戻り教会学校で学んだ。金日成が十四歳のときに父が、二十歳のときに母も死去すると、キリスト教会関係者が残された兄弟の面倒をみた。一九二七年に満洲・吉林の中国人向け中学校に入学し、同時に共産青年同盟の活動家になったが、国民党軍閥政権に逮捕・投獄された。

出獄後、金日成は満洲の抗日救国団体に参加して抗日活動家となった。満洲事変が勃発した一九三一年に中国共産党に入党し、翌年に抗日突撃隊に参加、抗日パルチザン部隊（東北人民革命軍）の政治局員として活動した。翌一九三二年に実質的に日本植民地の満洲国が建国されて、抗日パル

金日成（1912-94）

チザン活動に対する弾圧が強まると、四〇年に活動拠点をソ連に移した。当地で一九四二年に長男の金正日《キムジョンイル》が生まれている。

金日成の抗日独立活動は、中国とソ連の共産主義勢力との緊密な関係のもとで行われたものであり、とりわけロシア人から武闘訓練を受けた。重要なのは、このときのソ連との深い関わりが、第二次世界大戦後、ソ連に後押しされた社会主義国・北朝鮮の創設と、金日成が指導者になることにつながったことである。これは韓国の李承晩とアメリカとの関係に類似している。

第二次世界大戦が終わると、金日成は抗日遊撃隊の六〇人の部下、それにソ連軍と一緒に北朝鮮に戻る。このとき三十三歳だった。一九四六年に北朝鮮臨時人民委員会委員長に就任し、四八年九月に朝鮮民主主義人民共和国が創設されると、首相に就任した（七二年以降、国家主席の呼称になった）。

翌一九四九年に朝鮮労働党が結成されたが（四六年に北朝鮮労働党の名称で創られたものを改称）、しかし結成時の党は、金日成率いる中国東北の抗日パルチザン派、朝鮮国内派、中国の延安派、ソ連派などに分裂していて、どのような国家形成を行うのかをめぐって激しい主導権争いと路線闘争が繰り広げられた。その結果、金日成の抗日パルチザン派が勝利して、一九五六年以降、朝鮮労働党と政府の絶対的指導権を確立した。金日成はひとたび指導権を握ると、一九九四年に死去するまで終身指導者の地位を保ったが、これは王朝国家の支配者と同じである。

金日成政権の国家形成1――社会主義の建設

四五年余に及んだ金日成政権（一九四八～九四）の権力構造は、朝鮮労働党が最高機関で、朝鮮人民軍は党の軍隊、政府は党の政策を実行する行政機構という関係からなり、党が指導組織とされた。これは、中国など社会主義国に共通の権力構造でもある。金日成政権は、分断国家の統一と社会主義の建設を国家形成の目標に掲げた。このうち、分断国家の統一のために、ソ連と中国の同意を得て開始した朝鮮戦争は失敗し、戦場となった国土が荒廃したことから、社会主義の建設は文字通りゼロから始めなければならなかった。

社会主義の建設は、土地や設備など生産手段の国有化と協同化の二つが目標とされた。すでにソ連占領時代の一九四六年に土地改革が実施され、地主を追放して農民に土地が分け与えられていたが、朝鮮戦争が終わると、国土復興のために、「経済発展復旧三ヵ年計画」（一九五四～五六）、その後「五ヵ年計画」（五七～六一）を開始し、本格的な社会主義の建設が始まった。そこでは、ソ連や中国の経済援助を受けて、基礎的な工業施設を復興する重化学工業優先政策が採用された。農業は協同化方針が打ち出され、協同化率が一九五四年末の三一パーセントから、五七年末にほぼ一〇〇パーセントを達成した。

興味深いのは、社会主義の建設過程で一九五六年に、「千里馬《チョンリマ》運動」のスローガンを掲げたことだった。千里馬は、朝鮮の伝説で一日に千里を走る名馬のことで、これは朝鮮戦争で破壊された国土の復興、日本植民地時代の遅れた生産力を急速に引き上げるために、千里馬に乗った気持ち、すなわち消極主義を廃し、生産を向上させる千里馬精神が必要と唱えたものである。全国的規模で展開された千里馬運動は、創意工夫によって成果を挙げた労働者や農民に「千里馬騎手」の称号が与えられたが、後には、個人単位ではなく集団単位の運動になった。金日成政権は社会主義の建設を、国民の精神力を鼓舞することによって達成しようとしたのである。

金日成政権の国家形成2――経済苦境と主体思想

国家形成の目標の一つに掲げた分断国家の統一に失敗し、韓国と軍事緊張が続いたなかで、金日成政権が存続できた要因の一つに、ソ連と中国の後ろ盾が大きかったことがあった。しかし一九六〇年代に中ソ対立が起こると、金日成政権の基盤が大きく揺らぎ、七〇年代はじめに中国がアメリカとの共存政策に転換すると、苦境に陥った。金日成政権は、中ソ対立では両国と等距離を保つ外交戦略を採ったが、それでも一九六〇年代前半にはソ連の北朝鮮に対する経済援助が中断した。また一九六〇年代後半に中国で文化大革命が起こると、中国との関係も悪化した。

これを何よりも語るのが、北朝鮮が受け入れた両国などからの経済援助（実績ベース）だった。一九四五～六〇年は約一八億ドルだったが、六一～七〇年は約四億ドルに激減したからである。そのため一九六一年に始まった「国民経済発展七ヵ年計画」（一九六一～六七）は不振に陥らざるを得なかった。他方では、朝鮮半島をめぐる軍事緊張が高まったことから国防費が急増して、一九六〇年代後半には国家予算の三〇パーセント前後を占めるまでになった。二〇〇〇年代に顕著になる北朝鮮の経済不振と軍事化は、すでに金日成政権のときに始まっていたのである。

この苦境を乗り切るために金日成政権が打ち出した国家形成の方策が、外国に頼らない国創り、すなわち、一九六〇年代の「自力更生」、七〇年代の「主体思想《チュチェ》」だった。後者は、思想における主体性の確立、政治の自主性の堅持、自立的な民族経済の樹立、国防の自衛からなった。ただ主体思想には二つの意味があり、一つは、革命と建設を行うのは人民大衆であり、それを推し進めるのも人民大衆であるという、主体性論である。もう一つは、これを国にも適用して、北朝鮮の社会主義建設は、ソ連式でも中国式でもなく、朝鮮式（ウリ式）で進めるというもので、これは「自力更生」のことでもある。千里馬運動と同様に、社会主義の建設に国民の精神力を鼓舞したものだが、そこには、社会主義の建設が遅々として進まないことに対する、金日成政権の「苦悩」を読み取ることができる。

金日成政権は独特の思想やスローガンを掲げて、社会主義の建設と冷戦体制のなかでの生き残りを模索したが、しかしどの国家形成の目標も確たる成果を挙げないまま、金日成は一九九四年に死去した。

金正日のバックグラウンド

金日成の死後、後継指導者に就いたのが長男の金正日（一九四二〜二〇一一）である。金正日は一九四二年にソ連の沿海州で、金日成と金正淑《ジョンスク》との間に生まれた三人の子の長男である（北朝鮮は、金正日の生まれた場所を同国の聖山である白頭山近くとしているが、これは後に創られた政治神話でしかない）。母の金正淑は朝鮮に生まれ、幼いときに父が住む満洲に母と一緒に移住したが、母は満洲で死去した。孤児になった金正淑は抗日パルチザン部隊の一員になり、そこで金日成と出会い、一九四〇年に結婚した。翌年二人はソ連に渡り、当地で金正日が生まれたのだ。

第二次世界大戦が終わると、金正日は母と一緒に朝鮮に戻ったが、母は一九四九年に死去した。翌年に朝鮮戦争が始まると、金正日は一時中国に避難したが、その後戻り、人民小学校、高級中学校で学んだ。一九六〇年に金日成総合大学に入学し、六四年に卒業した。卒業後、直ちに朝鮮労働党に入党して、父の外国訪問への同行や、党組織指導部や宣伝扇動部などで経験を積み、一九七四年に党中央委員会政治委員になった。この経歴が語るように、金正日は両親と違って軍隊の経験が全くなく、政党人タイプの指導者に属する。

すでに一九七四年に朝鮮労働党は、金正日を金日成の後継者、すなわち「主体事業の偉大な継承者」と決定しており、九四年に金日成が没すると、規定路線に従って金正日が指導者を継承した。ただ、正式に最高指導者ポストの朝鮮労働党総書記や国防委員長に就任したのは、三年の喪を終えた一九九八年のことだった。

金日成から金正日への継承は、二〇年前から準備されていたものであり、これは王朝国家の支配者継承に類似したものである。また金日成の死後、三年の喪の儀礼を行うなど、形式的にも儒教に支えられた王朝国家に倣うものだった。金正日も父と同様、没する二〇一一年まで指導者の地位を保った。

金正日政権の国家形成——韓国との共存を模索

金正日の国家形成は、すでに父が存命中の一九七〇年代に始まっており、金日成の「偶像化」が最初の仕事だった。一九七四年に「十大原則」を定め、「偉大な首領金日成同志の権威を絶対化しなければならない」としたこと、八二年に父の七十歳の誕生日を祝うために、高さ一五〇メートルの巨大な石塔の「主体思想塔」を建てたこと、また同年に、高さ六〇メートル、幅五二・五メートルの「凱旋門」を建てたことは、その例である。そして、その極みとも言えるのが、一九九八年に憲法が一部修正されて、金日成を死後も永遠の主席としたことだった。これら一連の行為は、父への忠誠心を示すものであると同時に、後継指導者の金正日を権威付けるものでもあった。

金正日政権(一九九四～二〇一一)の国家形成は、冷戦終焉後に行われた。冷戦時代の指導者だった父と冷戦後の金正日政権の違いを何よりも象徴するものとして、国家形成の最大の目標とされた、統一相手の韓国との関係が挙げられる。金正日が指導者に就いた四年後の一九九八年に、韓国で北朝鮮に対する融和政策を掲げた金大中が大統領に就任すると、南北経済交流が始まった。二〇〇〇年六月には金大中大統領が北朝鮮を訪問して、金正日との歴史的な南北首脳会談が行われ、統一問題の自主的解決、離散家族の相互訪問、経済交流の活発化などが合意された。

韓国との「歩み寄り」が行われた背景には、次のことがあった。一九九二年に韓国と中国が国交樹立したこと、ソ連崩壊後の後継国になったロシアに反発していた北朝鮮が、二〇〇〇年にロシアと国交を正常化したこと、〇二年に日本と北朝鮮の首脳会談が開催されたことなど、地域の緊張緩和の動きがそうである。金日成政権は統一を武力で達成しようとしたが、金正日政権は「話し合い」で達成しようとしたのである。

他方では、父の金日成政権と同様、後ろ盾であったソ連崩壊の影響を受けて経済危機に陥っている。一九九一年にソ連が崩壊すると、北朝鮮は輸入の激減、とりわけ石油輸入の大幅減による電力不足、機械部品や原料不足による工場の操業低下などに苦しんだ。金正日政権が誕生した翌年の一九九五年には食糧危機が深刻化した。北朝鮮は発表していないが、一九九六年に六〇万〜一〇〇万人の餓死者が出たという。その原因は高温や旱魃《かんばつ》など自然災害により穀物生産が落ち込んだことに加えて、金日成政権の農業政策の失敗にあった。

経済苦境に陥った金正日政権が唱えたスローガンが、「一心団結と忠孝の結合が表すのは伝統的な国家観である」だった。北朝鮮は社会主義国だが、儒教国家観で苦境を乗り切ろうとしたのである。そして、ソ連・東欧で社会主義国が崩壊すると、金正日政権が唱えたのが「ウリ式社会主義」だった。これは北朝鮮の社会主義は人民大衆を軸にしたウリ式（自分たちの方式）なので堅固だという意味であり、これは父・金日成のウリ式社会主義建設の再主張でもあった。金正日も父と同様、経済苦境を国民の精神力を鼓舞するスローガンで乗り切ろうとしたのである。

韓国との融和を試みた金正日は、二〇一一年に六十九歳で死去した。

金正恩政権の国家形成——軍事力の誇示と威嚇

金正日の死後、後継指導者に就いたのが、金日成の孫の金正恩《キムジョンウン》（一九八三〜）である。金正日には最初の夫人との間に一人、二番目の夫人との間に二人、全部で三人の息子がいたなかで、後継者になったのは三男の金正恩だった。

金正恩は、一九九六年からスイスのインターナショナル・スクールと公立学校で学び、二〇〇一年に帰国して金日成軍事大学で三年学んだ。すでに父の存命中に後継指導者としての訓練を受けており、これは父の金正日と同じである。父の死後、朝鮮人民軍最高司令官、朝鮮労働党第一書記、朝鮮民主主義人民共和国の国防委員会委員長に就任し、軍・党・国の三権を掌握した絶対的指導者、すなわち独裁者になった。

金正恩政権（二〇一一〜）の国家形成は現在も継続中であり、その行方は定かではない。ただ、国民にイデオロギー教育を行って精神力を鼓舞した金日成政権、冷戦が終わると韓国との融和と共存政策を模索した金正日政権に対し、軍事力の強化とそれに依拠した韓国やアメリカなどに対する威嚇行動など、軍事一本槍と言えるものであることに、違いと特徴がある。この点で、金正恩政権の思惟様式は冷戦時代に逆戻りしたことを否めない。それを語るのが、国家形成の最大目標とされる分断国家統一の相手である韓国を、「第一の敵対国」と規定したことである。

小括

独裁から民主政への転換を遂げた韓国とは対照的に、北朝鮮は指導者が国家と国民に君臨する王朝国家体制が建国から現在まで続いていることが最大の特徴と言える。これは金一族が指導者を独占していることを意味し、現代国家では極めて稀である。国内社会の締め付けが厳しいため、金一族以外の指導者、あるいは体制変革勢力が国内から登場することが難しいことを否定できない。そのため北朝鮮を変革する勢力は、アメリカや韓国などの批判勢力、具体的には、アメリカや韓国が軍事行動に出たり、あるいは北朝鮮を支える中国などが経済支援をやめたときに求めるしかないように思われる。アジアや世界の関心は、このような国家体制がいつまで続くのかにある。

しかしここでは、体制変革の問題ではなく、なぜ北朝鮮で現代では稀な王朝国家体制が持続しているのかという問題を考えてみたい。韓国で独裁が崩壊した理由はさまざまにあったなかで、経済発展の結果、政治意識を高めた国民がそれを許さなかった（受け入れなかった）ことが大きな要因として挙げられる。すると、北朝鮮で国民が金一族の支配を受け入れているのは、経済発展が進んでいないためか、それとも国民が一族の支配に満足しているからなのか、ということが考えられる。同じ社会主義国でも、中国やベトナムでは、指導者の血縁による王朝国家が生まれていないのは、指導者ポストをめぐる競争が激しいことに一因がある。これは興味深い問題であり、終章で、なぜアジアには指導者一族が多いのかをみるときに考えてみたい。

国家形成の点では、金日成政権は中国やベトナムと同様に社会主義の建設を目指し、次の金正日政権では韓国との融和政策が打ち出され、現在の金正恩政権は、これまでとは全く違う軍事化を掲げている。これは現在、中国とベトナムが進めている資本主義型経済開発と全く異なっている。すなわち、経済開発は念頭になく、軍事力で現況を突破することだけを目指している。この点で北朝鮮は主体思想と同様に、「ウリ式」（独自路線）を歩んでいると言うことができる。そこには成功するか（生き残り）、失敗するか（崩壊）の極端な二者択一しかなく、中間形態のソフト・ランディング（共存）はない。

第3章 中国——鄧小平「改革・開放政策」

中国は古代から、儒教に支えられた漢人の皇帝が君臨する王朝国家が、支配者一族の交代があったものの、連綿と続いてきた国である。満洲人が創った最後の王朝国家の清は、十九世紀後半にヨーロッパ諸国や日本の侵略に苦慮し、国土の一部が植民地になった。二十世紀初めに、王朝国家の統治を支えてきた、儒学の素養を問う官僚試験の科挙の廃止を余儀なくされたが、かろうじて国の独立は維持した。一九一一年に漢人が担い手の辛亥《しんがい》革命によって清が崩壊すると、中国では初めて共和制の中華民国が誕生したが、実態は中国各地を軍閥が割拠支配する不安定な状態であった。このようななかで、伝統社会の変革を掲げて国民党と中国共産党が支配権をめぐって争い、他方では、侵攻を強めた日本に対応するために共闘した。

第二次世界大戦が終わると政治的自立を回復したが、一九四六年に共産党と国民党の内戦が始まった。結果は、一九四九年に共産党が勝利して、同年十月に中華人民共和国が建国された。建国後、指導者の毛沢東が社会主義の建設を開始したが、その過程は試行錯誤の連続だった。毛沢東が発動し、党と国家と社会が大混乱に陥った文化大革命が収束すると、一九七〇年代末に指導者の鄧小《とうしょう》平《へい》が、資本主義に依拠した「改革・開放政策」を打ち出して、目覚ましい経済発展を遂げた。現在、中国は世界第二位の経済大国になり、指導者の習近平《しゅうきんぺい》のもとで「偉大な中国」を目指した国家形成が進められている。

興味深いのは、二十世紀初めに二千年以上続いてきた王朝国家が終わったとはいえ、少なからぬ中国研究者が、共産党指導者の統治スタイルは王朝国家の皇帝と類似していると指摘していることである。意味するところは指導者が独裁者であるということにあり、これは毛沢東、鄧小平、習近平が該当する。

本章は、この三人の指導者に焦点を絞って、三人の国家形成がどのようなものだったのか、それが現代中国に持った意味などをみることにする。

毛沢東のバックグラウンド

中華人民共和国の初代指導者が毛沢東（一八九三〜一九七六）である。毛沢東は湖南省で農民の三男として生まれ、弟が二人いた（二人は後に共産主義者になったが、処刑死・戦死した）。父は勤勉で、お金を貯《た》めると農地を買い、耕作する作男を雇ったというから、貧農から身を起こして富農になったことになる。母は、小地主の娘で熱心な仏教徒だった。毛沢東は八歳のときから私塾に通って五年間儒学を学び、十六歳のときに東山高等小学校に入学して寄宿舎生活を送った。

辛亥革命が起こった一九一一年に湖南省の省都・長沙の湘郷中学に入学し、一三年に湖南省立第四師範学校に入学し、翌年、第一師範学校に編入となった。「思想家」毛沢東の誕生にとって重要だったのは、一九一七年まで同校で学んだとき、イギリス留学帰りの教師を通じて西洋哲学を知ったことだった。毛沢東は外国留学の経験はないが、世界の思想を知ることに熱心で、その基礎はこのときに創られたものだった。また、中国の古典思想や文学にも精通して、これが指導者になったときに武器の一つとして縦横に駆使されることになる。

師範学校を卒業すると北京に出たが、当時、若者の間で、フランスで働きながら学ぶ「勤工倹学運動」が起こっていたので、これに参加するためだった。しかし留学条件が難しいことが分かると断念した（鄧小平や周恩来はフランスに渡った）。毛沢東が共産主義者になる転機になったのが、北京大学図書館で司書として働いたことだった。毛沢東がマルクス主義思想に触れたのが、同図書館主任で、後に中国共産党創設に関わった李大釗《りたいしょう》を通じてだったからである。

その後、毛沢東は故郷の湖南省に戻り、一九二一年に上海で中国共産党が結成されると創立大会に参加し、二三年に中央執行委員になった。この間一九二一年に、毛沢東に思想の世界への関心を喚起した師範学校教師の娘と結婚して三人の子を持ったが、夫人は後に軍閥に処刑された。毛沢東が共産党の実権を握ることになった武器が、当時、党の有力指導者が都市労働者を革命の軸に置いたなかで、農民の重要性を唱えて農民運動を掌握したことだった。中国各地で共産党が実権を握ると、土地革命を実施して農民政権を樹立し、一九三一年に毛沢東は、瑞金に樹立された中華ソビエト共和国臨時政府の主席に就いた（これは党内の路線闘争もあり、失敗した）。

そして、国民党の攻勢で一九三四年に始まった共産党の新拠点を求める長征の過程で、毛沢東は党の実権を握った。一九四三年に党中央政治局主席に就いて指導権を確立し、四五年四月に党規約に「毛沢東思想」の文言が盛り込まれたことが、これを語っている。

第二次世界大戦が終わると、毛沢東と国民党指導者の蔣介石《しょうかいせき》との間で話し合いが行われたが決裂し、一九四六年に全面的内戦が始まった。共産党が勝利して一九四九年に中華人民共和国が誕生すると、毛沢東は人民政府主席となり、五四年制定の憲法で国家主席に就任して、党・軍・政府のすべての権力を握った。独裁者・毛沢東の誕生である。

毛沢東政権の国家形成1――大躍進政策

毛沢東政権（一九四九～五九）は、中国の伝統社会を変革することを目的に、社会主義建設の国家形成を開始した。一九五〇年の地主を追放して、貧しい農民に土地を与える土地改革をはじめ、いくつか重要な政策を行ったなかで、ここでは経済運動の大躍進政策と政治文化運動の文化大革命の二つをみることにする。

大躍進政策は一九五八年に開始されたもので、社会主義建設の総路線、すなわち毛沢東政権の社会主義建設の「決定版」とされた。具体的には、毛沢東が考える理想の共産主義コミュニティである人民公社の設立と、大衆動員によって鉄鋼や穀物生産を短期間で増産して、社会主義の実現を目指したものだった。この背景には、当初毛沢東は一歩一歩社会主義に進んでいくと考えていたが、一九五七年に革命をもっと思い切って進める方針に転換したことがあり、これを「共産主義に駆け込む」と表現した。大躍進政策が当時の中国の国力からすると野心的なものだったことを語るのが、「鉄鋼などの工業生産で、資本主義国第二位のイギリスを一五年以内に追い越す」というスローガンを掲げたことだった。

しかし、大躍進政策は毛沢東の意気込みに反して無残な結果に終わった。その原因は、これまで王朝国家のもとで、個人で耕作していた農民を、人民公社を創って集団耕作制に変えた急激な変革と、農産物成果の分配における平等主義が農民の生産意欲を削いだこと、それに自然災害も重なって生産量が低下したことなどにあった。食糧生産が大幅に落ち込んだため、中国各地で深刻な飢饉が起こり、一九五九〜六〇年に一五〇〇万〜四〇〇〇万人が栄養失調などで死亡した。この結果、大躍進政策を主唱した毛沢東の威信が大きく低下して、一九五九年に国家主席の辞任を余儀なくされた。

大躍進政策の失敗を受けて、新指導者になったのが劉少奇《りゅうしょうき》（一八九八〜一九六九）だった。劉少奇は毛沢東と同じ湖南省で生まれ、一九二一年にモスクワ東方勤労者共産主義大学に入学し、同時に共産党に入党した古参党員である。ソ連留学から帰国後は、国民党が支配するなかで地下工作に従事し、一九五六年に党中央副主席に就いて毛沢東の有力後継者とみなされ、五九年に国家主席に就いた（在任一九五九〜六八）。しかし劉少奇は、これからみる文化大革命で非業の死を遂げることになる。

毛沢東政権の国家形成２——文化大革命

文化大革命（一九六六〜七六）は、毛沢東の晩年に発動された、党の支配権をめぐる権力闘争である。その発端は、大躍進政策が失敗に終わり、国家主席になった劉少奇が部分的に資本主義を採り入れた経済開発を進めると、毛沢東が新方針は社会主義建設から逸脱したものであると猛反発して、「党内にブルジョワ階級が出現した」と断じたことにあった。しかし党や政府の主な指導者を、劉少奇路線を支持する人びとが占めていたので、毛沢東は紅衛兵と呼ばれた無名の学生や若者労働者を動員して、劉少奇や鄧小平などの党指導者を打倒することを目指し、文化大革命が始まったのである。毛沢東が唱えたスローガンが「司令部を砲撃せよ」だった。

十代や二十代からなる紅衛兵は、カリスマ指導者・毛沢東の言説を絶対的な後ろ盾にして、党や政府の有力指導者や知識人に対する容赦ない攻撃、それに破壊活動を全国各地で行ったため、党と国家と社会が大混乱に陥った。国家主席の劉少奇は大衆のつるし上げを受けて一九六八年に失脚し、党籍を剝奪されて翌六九年に獄死した。文化大革命の過程で、毛沢東夫人の江青《こうせい》など「四人組」と呼ばれた指導者が実権を握ったが、しかし一九七六年九月に毛沢東が死去すると、旧指導者層が巻き返し、四人組を逮捕して中国を揺るがした文化大革命は終わった。

毛沢東の死後、中国共産党は毛沢東が中国の建国に果たした役割は偉大だったが、誤りもあったとし、誤りの一つが文化大革命だとされた。文化大革命をどう評価するかは、現在も中国研究の懸案の一つになっているが、中国経済研究者の中兼和津次《なかがねかつじ》は、「直接的には権力闘争、間接的には理念をめぐる闘い、短中期的には権力をめぐる、長期的には社会主義像をめぐる争い」とみている。適切な評価だと思われる。文化大革命の犠牲者は国家間戦争の犠牲者に匹敵するもの、あるいはそれを上回るものであり、中国共産党の権力と社会主義の理念をめぐって、毛沢東が仕掛けた一方的な「内戦」だったのである。

中国の国家形成のうえで重要なのは、文化大革命が終わると、毛沢東の社会主義建設路線が完全に放棄されて、資本主義に依拠した経済開発に転換したことだった。

鄧小平のバックグラウンド

文化大革命の混乱が収まると、実権を握ったのが鄧小平（一九〇四～九七）である。鄧小平は四川省で地主を父に、裕福な家庭に生まれた。若者の間で、「勤工倹学」運動が起こると十六歳の鄧小平も参加して、一九二〇年から二五年の間、フランスに渡って鉄工場やゴム工場で働いた（毛沢東政権の首相を務めた周恩来《しゅうおんらい》も仲間の一人だった）。鄧小平はフランス滞在中に共産主義に出会い、一九二四年に中国共産党に入党し、二六年にモスクワに渡って共産主義思想を学び、同年に帰国した。

中国に戻ると、共産党と国民党が協同する国共合作のもとで国民革命軍政治部員に就いたが、一九二七年に蔣介石の反共クーデタで国共合作が崩壊すると退却を余儀なくされた。クーデタ後は、共産党中央委員会の活動などに従事して、中国各地で国民党との戦闘に参加し、一時期失脚したが復活し、一九四五年に党中央委員になった。

一九四九年の建国後は、中国西南地域の平定と統治の任務を担い、党中央西南局第一書記に就いた。そして、一九五四年に党中央に戻り、国務院副総理、国防委副主席などに任命され、五六年に中央政治局常務委員に選ばれた。このとき鄧小平の党内序列は、毛沢東、劉少奇、周恩来に次ぐ第四位であった。

一九六六年に文化大革命が始まると、鄧小平は劉少奇に次ぐブルジョア実権派ナンバー2のレッテルを貼られ、再び失脚した。しかし再度復活して、文化大革命末期に、中央軍事委副主席、党副主席、国務院第一副総理に就いて、軍、党、政府の要職を占めた。ところが、一九七六年一月に周恩来首相が死去すると、またもや失脚した。

そして、四人組逮捕後の一九七七年七月にまた復活し、党副主席、第一副総理に任命されて、実質的に党と政府の実権を握ったのである。このように鄧小平は共産党指導者のなかでは珍しく失脚と復活を何度も繰り返したが、これが鄧小平を「鍛えた」ことは間違いないだろう。ただ、最後の復活後は、国家主席や党総書記などの最高指導者ポストに就くことはなく、党主席に就いたのは、毛沢東が死の直前に指名した地方幹部の華国鋒《かこくほう》だった（在任一九七六～八一）。毛沢東の死後、華国鋒は鄧小平との権力闘争に敗れて一九八一年に失脚したが、この背景には、毛沢東や周恩来など建国指導者が死去したなかで、唯一の実力者になった鄧小平の党の実権掌握に向けた、したたかな「計算」があったのである。

鄧小平政権の国家形成1――資本主義型の「改革・開放政策」

鄧小平政権（一九七八～九七。鄧小平は国家主席ではないが、実質的に最高指導者だったのでこのように表記する）が、全力を傾注したのが経済開発であり、その宣言ともなったのが、一九七八年末の「改革・開放政策」だった。このうち改革は、これまでの社会主義型経済を資本主義型経済に変えることで、これ以降、中国の経済原理は「社会主義市場経済」と呼ばれた。そして開放は、これまで中国は国内市場を欧米諸国などの資本主義国に閉ざしていたが、経済開発には欧米諸国の投資が不可欠なことから、国内市場を資本主義国にも開放することである。そのために、広東省の深圳《しんせん》など沿海地域に四つの経済特区が創られた。

改革・開放政策では国内改革も重要とみなされて、いくつか改革が実施された。その一つが、農村改革である。中国は国民の圧倒的多数を農民が占め、それまでは、毛沢東の大躍進政策によって創られた人民公社のもとで農民は協同で耕作し、生産の成果物も共有だった。しかし鄧小平政権が人民公社を解体して、家庭請負生産責任制を導入すると、これが農民の労働意欲を掻き立てて、食糧生産が大幅に増産された。また、都市や農村で個人経営企業や郷鎮企業など、非国有企業が増大したことも、重要な国内改革の一つだった。そのさい、これまで中央に集中していた権限が、地方に委譲されたことは改革・開放政策を促進する効果を持った。

鄧小平（1904-97）

毛沢東政権のときは、社会主義の計画経済が基本とされたが、鄧小平政権になると資本主義を基軸にする経済に転換したのである。これを国家形成の観点からみると、毛沢東の社会主義建設を否定したものであり、鄧小平はこれを、「中国の特色を持った社会主義建設」と表現した。これがどのようなものかをよく語るのが、一九八〇年代の鄧小平の有名な「黒猫白猫論」である。これは白い猫だろうが黒い猫だろうが、ネズミを捕るのが良い猫だという意味で、どんなやり方、すなわち、社会主義的だろうと、資本主義的だろうと、生産をあげるシステムがよいシステムだと唱えたものだった。

これをより明確に述べたのが、改革・開放政策に拍車をかけることを説いた一九九二年の「南巡講話」における、「市場も計画も手段であって、……社会主義にも市場があっても構わない」という言説である。鄧小平はその五年後に死去するので、これは中国に対する「遺言」となり、以後の指導者はこれを忠実に護ることになる。これら一連の言説は、鄧小平が、毛沢東のようなイデオロギー・タイプの指導者ではなく、社会主義国では珍しいプラグマティスト・タイプの指導者に属することを示している。

改革・開放政策が本格化した一九八〇年代後半になると、世界最大の人口を持ち、かつ労働力が安価な中国への欧米諸国の労働集約型投資が本格化して、これが経済発展の牽引力になった。この結果、中国は「世界の工場」と呼ばれた。また中国経済が年平均で約一〇パーセントの高度成長を遂げると、国民の所得も消費も急激に伸びた。これは、当時中国の人口が世界最大だったので世界有数の巨大市場が出現したことを意味し、中国市場目当ての外国投資も急増して、発展の好循環が起こったのである。

鄧小平政権の国家形成2――政治的自由の抑圧

ただし、鄧小平政権が演出した経済成長は、「政治的自由」を無視したものであった。それを象徴したのが一九八九年の民主化運動の抑圧、すなわち、「天安門事件」(「六・四天安門事件」)である。

天安門事件は、学生や市民を中心とする民主化運動の最後に起こったもので、彼らが民主化を求めた背景には次のことがあった。一九八〇年代後半になると、共産党独裁が続いていたソ連・東欧諸国で民主化運動が起こったこと、アジアでも八六年にフィリピンで始まった民主化運動が台湾や韓国に波及して民主化されたこと、そして、鄧小平政権が開始した改革・開放政策は資本主義化、すなわち経済の自由化でもあったことから、国民の一部が政治の自由化を求めたこと、がそうである。

民主化を求める人びとは北京の天安門広場に集まり、党や政府の最高指導者ポストに就いていないにもかかわらず実権を握る鄧小平を「称号なき皇帝の独裁」と批判した。これは、一九八七年に中国共産党が、一党員に過ぎない鄧小平に対して、「最も重要な問題については、鄧小平同志の舵取りが必要」として、独裁権を与えたことに対する批判でもあった。

当時、ソ連・東欧やアジアなど、世界各地で民主化運動が起こったことから、党指導者の間ではデモへの対応をめぐり意見が分かれたが、独裁者・鄧小平の「これは学生運動ではなく動乱である。断固として制止しなければならない」という断定が勝ったのである。一九八九年六月に軍隊を投入して、天安門広場に集結したデモ参加者を鎮圧すると、政府発表で約三二〇人の死者が出た。これが「六・四天安門事件」である。

天安門事件が起こった一九八九年の十一月にドイツで、冷戦の象徴だったベルリンの壁が崩壊して、翌年に社会主義国の東ドイツが自由主義国の西ドイツに併合されたが、鄧小平はデモの目的は共産党独裁を転覆することにあると断定し、武力を行使したのである。鄧小平は経済の自由化と政治の自由化は全く別であり、資本主義的手法を導入して中国経済を近代化するが、共産党独裁の近代化、すなわち民主化は認めないという態度を明確にしたのである。このスタンスは以降の指導者にも継承されることになる。

一九九七年に鄧小平が死去すると、指導者に、上海交通大学で学び、上海を基盤にするテクノクラートの江沢民《こうたくみん》（在任一九九三〜二〇〇三）、その後、安徽《あんき》省出身で、清華大学水利工程部で学び、チベット自治区を統治したさいに発展と安定の実績を挙げた胡錦濤《こきんとう》（在任二〇〇三〜一三）が国家主席に就いて、鄧小平政権の共産党独裁を堅持し、経済開発路線を継承した。

習近平のバックグラウンド

現在の指導者が習近平（一九五三〜）である。習近平は、共産党政治局委員と国務院副総理を務めた習仲勲を父に、北京で生まれた。父の経歴から習近平は、中国では稀な指導者一族に準ずるものとみることもできる。習近平は党の有力者を父に持つが、文化大革命中の一九六九年から六年間、下放（青少年が農村に移住して農業などの労働作業を学ぶこと）されて陝西《せんせい》省の農村で、一労働者として働いた経験を持つ。文化大革命が終わる直前の一九七四年に共産党に入党し、翌七五年に模範学生に与えられる推薦入試制度を利用して清華大学化学工程部に入学した。卒業すると国務院などに勤め、一九八二年に河北省の県副書記に就き、福建省と浙江《せっこう》省で務めた後、二〇〇〇年に福建省長になった。その後、二〇〇二年に浙江省党書記に就き、〇七年に上海市党書記に就任した。この経歴が語るように、習近平はエリート指導者の道を歩んだ。

習近平は上海市党書記に就任した二〇〇七年に党中央でも昇進した。同二〇〇七年の党大会で党中央政治局常務委員に昇格し、一二年に共産党総書記に、翌一三年に国家主席に就いた。このように習近平は若いときから共産党でのキャリアを積んできたので、政党人タイプの指導者に属する。

注目されるのは、最高指導者の地位に就くと、他の有力指導者やライバルを排除して、独裁者とも言える地位を築いたことだった。これを語るのが、これまで指導者の任期は二期一〇年を限度とすることが憲法で定められていたが、二〇二三年に三選されて、実質的に無期限になったことである。もう一つ注目されるのは、毛沢東と同様に自身の「権威化」や「神格化」を行ったことだった。近年、習近平は「偉大な指導者」「党の核心」と呼ばれ、党規約に、「習近平『新時代の中国の特色ある社会主義』思想」の文言が盛り込まれた。これは「毛沢東思想」がそうだったように、習近平も「習近平思想」を唱えて神格化を行ったことを意味する。

習近平政権の国家形成――「偉大な中国」を目指して

習近平政権（二〇一三〜）が進めた国家形成がどのようなものか、現在進行中のものであるが、経済分野と政治分野から、一つずつみることにする。

経済分野は、鄧小平政権が推進した経済開発の結果、日本を抜いて、アメリカに次いで世界第二位になった巨大な経済力を武器に、アジアや世界における中国のプレゼンスを高める戦略を打ち出したことだ。その一つが、国家主席に就任した二〇一三年に提唱した「一帯一路」である。これは中国が主導して、陸のシルクロード（一帯）と海のシルクロード（一路）を構築するもので、シルクロードとは周知のように、約二千年前の漢のときに始まった中国とヨーロッパを結ぶ陸の貿易路のことである。具体的には、一帯は、中国西部から中央アジアを経由してヨーロッパに至る流通網、一路は、中国の沿海部から東南アジア、南アジア、中東の沿海地域を結ぶ交通・流通網のことである。この一帯一路は中国が主導して、鉄道、高速道路、空港、港湾など、関係国の流通インフラ整備を行い、陸と海の両面でユーラシア大陸における、中国を軸にした巨大な経済圏を創ることがねらいとされた。

これらのインフラ建設には巨額資金を必要とすることから、中国が主導して二〇一五年にアジアインフラ投資銀行（ＡＩＩＢ）が創設された。すでにアジア諸国のインフラ整備支援のために、一九六六年に日本主導で創設されたアジア開発銀行（ＡＤＢ）があるが、習近平政権は金融分野での主導権を握ることをも考えたのである。これはインフラ整備資金の不足に悩んでいたアジア諸国から歓迎された。これを語るのが、創設時の加盟国はアジアやヨーロッパを中心に五七ヵ国だったが、二〇二二年に一〇三ヵ国に増えたことである。ただ、一帯一路はねらい通りに進まず、二〇二三年に修正・縮小を余儀なくされた。

政治分野は、香港住民の政治的自由を剝奪したことである。一九九七年にイギリス植民地だった香港が中国に返還されたとき、香港の政治経済制度は中国と異なっていたが、共産党は、返還後五〇年は香港に中国とは異なる制度を認める「一国二制度」を謳った。しかし習近平政権は、それから約二〇年後の二〇二〇年に、「香港国家安全維持法」を制定して、香港住民による中国の政治体制批判、すなわち、共産党批判を許さないことに方針転換した。これは中国で行われている国民の政治的自由の抑圧を香港にも適用したものであり、習近平が独裁者と呼ばれるゆえんの一つでもある。

興味深いことに、習近平政権の経済分野では経済開発を促進してさらなる発展を目指し、政治分野では国民の政治的自由を抑圧する姿勢は、鄧小平政権の国家形成とほとんど同じである。本章でみた三人の指導者のうち、毛沢東は他の二人と違う独自の社会主義建設を進めたが、習近平は鄧小平と同様に、社会主義の建設を放棄して、代わりに国民の政治的自由を抑圧し、資本主義型経済開発を土台にして、世界における中国の地位向上を目指しているので、二人の国家形成は連続していると言える。

小括

一九四九年の建国から現在まで、中国では少なからぬ数の指導者が登場したが、指導者一族と呼べるようなものは形成されていない。敢えて言えば、習近平がそれに近いが、本書の指導者一族の要件を満たすものではない。このことは、中国は指導者ポストをめぐる競争が他の国よりも熾烈《しれつ》なこと、すなわち指導者の係累であることが、次の指導者の要件になっていないこと、本人の統治能力や政治力が最も重要な要素であることを語っている。中国共産党の指導者の統治スタイルは王朝国家の皇帝と類似しているが、王朝国家の継承原理である血縁は、北朝鮮と違って入っていない。

ただ、王朝国家の皇帝との類似性という点からすると、独裁者が登場していることは確かであり、毛沢東、鄧小平、習近平はその代表でもある。中国共産党は儒教に支えられた伝統社会の改革を目指したが、指導者の統治スタイルはそれを「継承」したことになる。独裁者は韓国、台湾、インドネシアなどアジアの多くの国で登場したが、しかしそれは数多くはない。すると、社会主義国では指導者は独裁者になりやすいのかという疑問が起こるが、この後でみるベトナムはそうではないので、一般化できない。そのため、その要因は中国の歴史的な政治社会の性格に求める他にないことになる。これは興味深いテーマだが、ここではその事実の指摘にとどめて、ベトナムの章で考えてみたい。

国家形成の点では、現在の資本主義型経済開発は、毛沢東が進めた社会主義建設の大躍進政策と文化大革命の失敗の反省から生まれたものだという見方がある。これを逆に言うと、現在の資本主義型経済開発に至るために、大躍進政策の失敗と文化大革命の混乱を必要とし、それらは「学習コスト」だったことになる。確かにこの見方には一定の真理があると思われるが、一九四九年から現在に至るまでの、試行錯誤の過程における社会的・人的「コスト」が、歴史に類をみない巨大なものだったことも事実である。中国の歴史とはこのようにして進むということだろうか。

第4章　台　湾──蔣経国「国民党の台湾化」

東シナ海に浮かぶ台湾（島）は、もともと中国の一部だったが、十七世紀前半に中国進出を目論むオランダに、一時期占領された。その後、日清戦争（一八九四～九五）で清が敗れると、一八九五年に日本の植民地となった。二十世紀前半に中国本土の沿海部も日本の半植民地状態に置かれると、国民党と共産党が協同で日本への抵抗運動を行うかたわら、中国の支配権をめぐる抗争（内戦）を行った。第二次世界大戦後の一九四九年に共産党が勝利して、中国に中華人民共和国を建国すると、敗れた国民党は同年に中華民国政府を台湾に移転した。分断国家の誕生である。

当初、国民党指導者の蔣介石は台湾で態勢を立て直し、中国本土に反攻して支配権の奪還を目指した。しかし、冷戦体制のなかで台湾を支えるアメリカが、一九七〇年代前後に中国との共存政策に転じると、後継指導者の蔣経国《しょうけいこく》は、中国本土への進攻を断念して台湾を支配領域とした。国民党の台湾統治は、実質的にここから始まった。そして、国民党政権のもとで台湾は一九八〇年代に経済発展を遂げ、その一翼を担った国民が、八〇年代後半に政治参加を要求すると、指導者は政党の結成を認めた。これ以降、台湾は国民党独裁から民主政に転換して、現在に至っている。

本章は、国民党の指導者が台湾をどのように統治したのか、中国反攻を目指した蔣介石と、国民党の台湾化を進めた息子の蔣経国の国家形成をみる。さらに、民主化を演出した李登輝《りとうき》と、その後の動きもみることにする。

蔣介石のバックグラウンド

分断国家の台湾（中華民国）を統治したのが国民党であり、その指導者が蔣介石（一八八七～一九七五）である。蔣介石は中国の浙江省で塩や酒などを扱う、土地持ちの商家に生まれた。当時は満洲人が創った王朝国家の清が統治していたが、清が西欧諸国との相次ぐ戦争に敗れると、漢人の間で清打倒の運動が起こり、崩壊の危機に直面した。蔣介石は軍事を通じての中華復興を考え、一九〇六年に通国陸軍促成学堂に入学し、翌〇七年に日本に留学して、清国陸軍が東京に創った振武学堂で学んだ。同時に、中国革命指導者の孫文《そんぶん》が、一九〇五年に東京で創った中国同盟会（一二年に国民党に改称）に入党した。一九〇九年に新潟県高田の日本陸軍野砲連隊に士官候補生として入隊したが、一一年に清を倒した辛亥革命が起こると帰国して、杭州や上海で革命活動に加わった。

一九二四年に、孫文の指示に従って広東省に黄埔《こうほ》軍官学校を創設して校長に就任し、その準備のために前年にソ連を視察して、学校では蔣介石自ら講義を行った。講義では、軍官学校を家父長制的に運営すること、厳格な組織規律と軍規を説いたが、これは後に蔣介石の台湾統治の原則になった。翌一九二五年に孫文が死去すると国民党の実権を握り、二七年に上海でクーデタを起こして国民党と共産党の合作を破棄し、共産党員を逮捕・粛清した。蔣介石は国民革命軍総司令に就いて、広州に中華民国国民政府を発足させ、翌一九二八年に南京に国民政府を移して主席に就任した。この間、一九二七年に孫文夫人の妹の宋美齢《そうびれい》と結婚して、孫文の義弟になり、指導者としての蔣介石の正統性が高まった。

一九三一年に日本が中国東北地方の支配を目論んだ満洲事変が起きると、蔣介石は対応に苦慮したが、共産党勢力を殲滅《せんめつ》する両面作戦を展開した。このようななかで一九三七年に共産党との第二次合作が成立した。共産党は中国の支配をめぐるライバルだったが、日本の侵略に対処するには共産党軍を必要としたのである。

アメリカやイギリスなど連合国と、ドイツや日本など枢軸国が戦った第二次世界大戦中の一九四三年に、アメリカのルーズベルト大統領とイギリスのチャーチル首相が、対日戦争の協力と戦後処理を討議した首脳会議の「カイロ会談」に、蔣介石は連合国の一員の中国代表として参加した。これは世界における中国と蔣介石の立場を高めるものだった。

第二次世界大戦が終わった一九四五年に、蔣介石と毛沢東の和解に向けた会談が持たれたが決裂し、翌四六年に内戦が始まった。当初は、反共陣営リーダーのアメリカの支援を得た国民党軍の優位で展開したが、土地改革を梃子《てこ》に農村から都市を攻める共産党の戦略が功を奏して、最終的に共産党が勝利した。敗れた蔣介石は、一九四九年十二月に息子の蔣経国らとともに、四川省の成都から台湾の台北に渡り、併せて国民党軍、その家族など国民党政権関係者八〇万人が大挙移動した。それだけでなく、北京の故宮にあった歴代王朝国家の貴重な美術品も台湾に移送された。台湾での中華民国が始まったのである。

蔣介石政権の国家形成——大陸反攻の国是

国民党が台湾の地に逃れたとき、共産党が内戦の勝利と建国の勢いをもとに、台湾に進攻して国民党政権を壊滅させる可能性は十分に考えられた。この点で、蔣介石にとって「幸い」とも言えたのが、内戦が終わった翌一九五〇年に、朝鮮半島で韓国と北朝鮮が戦った朝鮮戦争(一九五〇~五三)が勃発したことだった。アメリカは、北朝鮮主導の統一を阻止するために、国連軍を組織して軍事介入したが、これが中国共産党の台湾進攻に対する抑止力になったからである。共産主義勢力の拡大を阻止するために朝鮮半島に軍事介入したアメリカにとり(ベトナムにも軍事介入した)、中国共産党の武力による台湾統一はとうてい容認できないものだったのである(これは現在も変わっていない)。

一九四九年に台湾における蔣介石政権(一九四九~七五)が始まったとき、蔣介石の関心は台湾住民の生活向上や経済開発ではなく、台湾の地で軍事力を再編・強化し、中国本土に反攻して支配権を奪還することにあった。これを語るのが、蔣介石政権が掲げた「光復大陸・失土回復」のスローガンである。

この背後には、台湾での蔣介石政権が盤石だったことがあった。というのは、国民党が台湾に移転する前の一九四七年、台湾住民と進駐していた中華民国治安部隊が衝突した「二・二八事件」を契機として四九年に戒厳令を敷き、台湾住民の政治活動を徹底的に抑え込んだからである(戒厳令は民主化される八七年まで続いた)。事件が台湾における国民党政権の支配確立のうえで重要だったのは、これにより台湾の主だった反国民党指導者が処刑されて、反対勢力が消滅したことにあった。「二・二八事件」で治安部隊に殺害された台湾住民の犠牲者は一万五千〜二万八千人にも達したといわれる。

このとき台湾住民の大半は、十八〜二十世紀前半に台湾島対岸の中国福建省などから移民した者の末裔《まつえい》が占めていた。これに対して、国民党政権関係者はほとんどが中国本土で生まれて内戦敗北後に台湾に移動した人びとだった。前者が「本省人」（台湾省人）、後者が「外省人」と呼ばれ、蔣介石政権の統治は、少数派の外省人が多数派の本省人の政治活動を抑圧する独裁でもあったのである。

蔣介石政権は、台湾での国家形成を目的にした政策を行わなかったが、一つだけ特筆されることがあった。農地改革である。具体的には、小作料の最高額を収穫総量の三七・五パーセントに引き下げ、植民地時代に日本人が所有していた農地の台湾人農民への売却、それに台湾人地主が所有していた土地の買い上げと農民への売却が行われた。これによって台湾の農業生産が高まり、中国から移動して急増した人口を支えただけでなく、農村の発展が後の台湾の経済発展（工業化）の基礎を創ったのである。

蔣介石の大陸反攻の夢は叶うことがなかった。一九六九年の交通事故で衰弱し、七二年に五期目の総統に選ばれた後は、いわば「寝たきり」状態になり、七五年に死去したからである。

蔣経国のバックグラウンド

蔣介石の後継者が長男の蔣経国（一九一〇〜八八）である。蔣経国は一九一〇年に中国の浙江省で蔣介石の最初の夫人との間に生まれた。この年は辛亥革命の一年前で、父は日本の陸軍学校に留学中だった。

蔣経国は一九一六年に漢学塾の武嶺学校に入り、二一年に龍津小学校に移ったが、同年に上海の万竹小学校に編入した。一九二四年に上海の浦東中学に進学したとき、蔣経国の性格を語る興味深いエピソードがある。在学中に日本人経営の紡績工場で労働争議が発生して、労働者が殺害されると、それに抗議したデモ隊と警察が衝突した「五・三〇事件」が起こった。蔣経国はデモ隊を組織して事件に積極的に関わったため退学処分を受けたが、このとき十五歳だった。その後、北京の外国語学校に入学し、ここでも反軍閥デモに参加して逮捕されている。

蔣経国は一九二五年に国民党に入党し、モスクワの中山大学に留学した。これは同年の孫文の死後、ソ連の提議で創られた革命幹部養成学校で、国民党と共産党が共闘した第一次国共合作（一九二四〜二七）のときだったので、蔣介石の息子の蔣経国も入学を認められたのである。一九二七年に大学を卒業したが、同年に中国で蔣介石が起こした上海クーデタで国共合作が崩壊したため（蔣経国は反革命クーデタを起こした父を批判した）、中国への帰国を認められなかった。

そのため、蔣経国は卒業後もスターリン体制下のソ連にとどまることを余儀なくされ、レニングラードの赤軍軍政学院で三年学んだ後、モスクワ郊外の農村や工場、シベリアの金鉱などで一労働者として働いた。シベリアのウラル重機械工場では副工場長に抜擢され、一九三五年に同工場で働いていたロシア人女性と結婚し、三男一女を持った。一九三七年に第二次国共合作が成立すると状況が一転し、ようやく家族とともに帰国を許された。本人の意思とは無関係だったソ連滞在は、約一〇年に及んだが、この体験が蔣経国の心に強い刻印を打ったことは間違いない。

蔣介石との再会は一二年ぶりだったが、父にとり、ソ連滞在中に共産主義思想に染まり、ロシア人女性と結婚した息子に対する想いは複雑だったに違いない。これもあり、蔣経国は帰国後、中央から遠く離れた中国辺境の江西省で一県長として政治キャリアをスタートし、中国人女性との間にも二人の息子をもうけた。そして、一九四四年にようやく国民政府臨時首都が置かれた重慶に移り、中央幹部学校教育長に就いたのである。

第二次世界大戦後は南京の中央政治大学校教務長などを歴任し、国民党が台湾に移転した一九四九年以降は、父の蔣介石を助けて、「特務」と呼ばれた情報・治安組織の統括（任務の一つは共産主義者の取り締まりだった）、農地改革、地方自治などの業務を担当し、指導者としての経験を積んだ。一九七二年に首相に相当する行政院長に就いて、老齢の父に代わって実質的に最高指導者になった。そして、父の死後から三年後の一九七八年に、厳家淦《げんかかん》の後任として総統に就任した。この経歴が語るように、蔣経国は政党人タイプの指導者に属し、王朝国家の後継者とほぼ同様の指導者教育を受けた。

蔣経国（1910-88）

蔣経国政権の国家形成――経済開発と政治自由化

興味深いのは、蔣経国政権（一九七八～八八）が誕生したとき、台湾を取り巻く地域環境が、父の時代と全く違うものだったことである。蔣経国が衰弱した父に代わって実権を握る直前の一九七〇年に、アメリカが国際社会から中国を排除するというそれまでの方針を転換して、中国との共存・融和政策をとったため、アメリカの軍事支援を得て中国に反攻するという蔣介石政権の「国是」が破綻した。それどころか、米中接近を受けて一九七二年には、中国が国際連合に加盟する前に、台湾は自ら脱退することを強いられた。この出来事が重要なのは、台湾が国際社会で「孤立」すると、蔣経国政権は中国反攻政策を捨て、台湾の経済開発を進めて国力を強化すること、すなわち国民党が台湾を統治する政権に転換したからである。

これを何よりも語るのが、一九七三年に蔣経国主導で、「十大建設」計画を発表したことだった。これは産業基盤の整備と重化学工業の振興を目的にしたもので、南北高速道路の建設、西部縦貫鉄道の電化、桃園国際空港の建設、造船業の中国造船の創設、石油化学プラントの創設、発電所建設などからなる、壮大な国土開発プロジェクトである。総額五八億ドルのうち、インフラ整備に六三パーセント、残りが重化学工業投資に充てられ、併せて輸出指向型工業化が進められた。これ以降、台湾経済は急速に発展し、韓国、香港、シンガポールとともにアジアの新興工業経済群と呼ばれた。

蔣経国政権の国家形成でさらに注目されるのは、反体制派を取り締まる治安責任者を務めた蔣経国が、政治の自由化を進めたことだった。蔣介石政権は国民党以外の政党の結成を禁止して一党独裁だったが、蔣経国は一九八六年に、本省人が要求した政治参加の象徴ともなった、政党（民進党）の結成を容認し、翌八七年に三八年続いた戒厳令を解除した。

台湾と同じ分断国家の韓国は、ほぼ同じ頃に独裁から民主政に転換したが、台湾は韓国の一年前に国民党独裁から複数政党制、すなわち、民主政に転換したのである。この背景として、台湾の経済開発を担った本省人が社会経済力をつけたこと、アメリカの民主化圧力、それに蔣経国が、台湾が自由主義世界の一員として生き残るには、民主化が避けられないと考えたことが指摘できる。これは韓国とほとんど同じである。

中国との関係も改善された。それまで中国共産党に対して「三不政策」（妥協せず、接触せず、交渉せず）を採り、中国との交流はタブーだったが、一九八七年に蔣経国政権は、台湾住民の大陸里帰りを認めた。部分的交流の開始である。これには、このときの中国の指導者が、改革・開放政策を推進した鄧小平だったことも、プラスに作用した。

台湾にいても、蔣介石の眼は常に中国本土に向けられていたが、蔣経国政権になると、台湾を取り巻く地域政治環境の変化があったとはいえ、その眼は足元の台湾に向けられ、「国民党の台湾化」がキーワードになったのである。また、蔣経国は一九八五年に「蔣家の者が総統職を継ぐことはない」と明言し、国民党が蔣一族のものとなる道を自ら断ち切った。北朝鮮と違い、台湾の王朝国家化を否定したのである。蔣経国は一九八〇年に健康を害し、八八年に死去した。

李登輝のバックグラウンド

蔣経国の死後、副総統の李登輝（一九二三〜二〇二〇）が総統に就任し、蔣経国政権の国家形成路線を継承した。李登輝は台湾の台北県で警察官を父に生まれた。祖先は福建省西部の客家《ハッカ》の移民で、外省人の蔣介石父子と違い、本省人に属した。李登輝が生まれ育った時代は日本の植民地期であり、六歳のときに父が台北勤務になると、同地の小学校に入学したが、父の勤務の関係で転校を繰り返した。一九三六年にミッション・スクールの淡水中学校に、四〇年にエリート校の台北高校に入学した。

李登輝は一九四二年に京都帝国大学農林経済学科に入学した。農業を選んだのは、「中国を解決する鍵は農業にあり、農業を学んで満洲に行こう」と考えたからだという。すでに戦争が始まっており、京大で勉強したのは一年少しだけで、学徒動員により、三六人の台湾人留学生とともに台湾に配属された。訓練を受けた後、幹部候補生として千葉に配属され、ここで終戦を迎えている。

終戦後、台湾に戻り、台湾大学農業経済学科に編入学、在学中の一九四九年に結婚した。卒業後、助手に採用され、一九五二年には政府奨学金を得てアメリカのアイオワ大学に留学し、翌年に農業修士号を取得、帰国して台湾大学農学部講師となった。同時に、政府の農業改革機関でも働き、これが、後に政界入りする契機となる。一九六五年に再度アメリカに留学して、コーネル大学で農学博士号を取得し、帰国後に台湾大学教授になった。

農学者の道を歩んできた李登輝であるが、一九七一年に農業問題専門家として蔣経国に紹介され、その能力を高く評価した蔣経国が国民党への入党を勧めると、これに従っている。このことは、李登輝が政治や統治に関心があったことを語っている。入党後、李登輝は重用されて、蔣経国政権の要職や台北市長を務め、一九八四年には副総統に就任。蔣経国が一九八八年に没すると、後継の総統となったのである。本省人の李登輝が国民党の指導者になったのは、中国本土生まれの世代が高齢化したこともあったが、国民党の台湾化が語るように、「時の流れ」でもあったのである。

李登輝政権の国家形成——民主化と政権交代

李登輝政権（一九八八〜二〇〇〇）の国家形成は、台湾の経済開発をさらに進めるものだったが、蔣経国政権で始まった政治の自由化をさらに進めたことも注目される。総統（任期四年）を国民の直接選挙で選出する改正を行ったことは、その一つだった。これを受けて一九九六年に実施された台湾初の民選総統選挙では、国民党の李登輝がこれまでの実績をもとに勝利したが、次の二〇〇〇年総統選挙では野党・民進党の陳水扁《ちんすいへん》が当選して、政権交代が起こり、二〇〇四年にも再選された（在任二〇〇〇〜〇八）。そして、二〇〇八年総統選挙では国民党の馬英九《ばえいきゅう》が勝利し、一二年にも再選された（在任二〇〇八〜一六）。このように李登輝以降、台湾では二大政党が交互に政権を握るようになったが、これは蔣経国政権の政党結成の自由の容認と、それを継承し、民主化をさらに進めた李登輝政権の政治改革の結果だったのである。

二〇一六年総統選挙で勝利したのが民進党の蔡英文《さいえいぶん》（一九五六〜）である。祭英文は台湾大学法学部卒業後、コーネル大学で修士号、ロンドン大学で博士号を取得して弁護士になった。台湾の世界貿易機関（WTO）への加盟交渉のさいに中央省庁の経済部の法律顧問になり、陳水扁政権の二〇〇四年に民進党に入党して政治家に転身した。二〇一二年総統選挙では国民党の馬英九に敗れたが、二回目の挑戦で勝利したもので、学者肌の物静かな政治家である。彼女は最初の女性指導者でもあり、二〇二〇年の総統選でも再選された。蔡英文政権（二〇一六〜二四）の国家形成における最大の懸案は、台湾の政治的自立、逆から言えば、中国による統一問題にどう対処するかにあった。

そして、二〇二四年の総統選挙で勝利したのが、同じ民進党の頼清徳《らいせいとく》（一九五九〜）である。頼清徳は、台湾の成功大学医学部を卒業後、医師として働き、ハーバード大学に留学した経歴を持つ。その後、蔡英文政権の行政院長に就いたもので、台湾独立志向が強いと言われている。頼清徳政権（二〇二四〜）が、蔡英文政権の国家形成路線を継承することは確かだが、統一問題の行方は定かではない。興味深いのは、台湾移転当初は、中国大陸反攻を唱えていた国民党が、現在は中国との融和を掲げ、民進党が台湾独立を主張していることである。時代の経過とともに政党の主張が変化することが分かる。現在、中国が武力行使を含めて台湾統一に向けた威嚇行動を行っているなかで、頼清徳政権は難しい舵取りを強いられている。

小括

台湾は長いこと国民党独裁が続いた。これを象徴したのが、蔣介石政権が台湾人（本省人）の政治活動を禁じたことだった。しかし冷戦が終わる一九八九年の少し前から、本省人を中心に自由化要求と民主化運動が始まった。ただ民主化は、本省人の要求を受けて、蔣経国政権の末期に始まり、後継者の李登輝政権のときに完成したもので、いわば「上からの民主化」であった。重要なのは、これ以降、民主政が定着したことである。

興味深いのは、これに対応するかのように、指導者も蔣一族の独占状態から、一族以外の人びとが就任するようになったことである。この潮流を考えると、蔣一族だけでなく、新たな指導者一族が登場することはほとんどないように思われる。

ただ指摘すべきは、台湾の民主化や国家形成の方向性と内容を決めるうえで、政治から排除されていた本省人の声とともに、アメリカが決定的な役割を果たしたことである。というのは、国民党が国是の中国反攻を捨てて台湾化の途を選んだのは、アメリカの中国融和政策が決定的要因だったし、一九八〇年代末の民主化も、当時アメリカがアジアの自由主義国に民主化を促したことが最大の外部要因だったからである。とはいえ、これは台湾の「アメリカ依存」を意味するのではなく、アメリカの後ろ盾を得ての台湾の自立的な選択だったのである。

台湾の民主政は、中国で共産党独裁が続いていること、それに指導者の独裁が顕著であることと対照的である。同じ王朝国家の政治文化のなかで育った漢人とはいえ、台湾と中国は、それぞれ民主主義国と社会主義国と全く違う道を歩んでいる。この点で、台湾は韓国とともにアジアの民主化の「優等生」と言えるが、ただ別の極めて重大な問題を抱えている。それが、いま指摘した中国による統一問題である。これは台湾の国家形成と今後の行方を考えるうえで決定的要素と言えるが、先行きは不透明と言うしかない。

第二部　東南アジア

第5章　フィリピン――マルコス「新社会」

フィリピンは南シナ海と太平洋に挟まれた海域の数多くの島からなる島嶼国《とうしょこく》で、人口が多く首都マニラがある北部のルソン島が政治と経済の中心地である。またフィリピンは、アジアのなかで唯一王朝国家を持たなかった国で、フィリピン各地のバランガイと呼ばれる、数千人単位の村落が国家の役割を果たしていた。十六世紀に始まったスペイン植民地時代に、初めて統一国家（植民地国家）を持ち、十九世紀末に植民地宗主国がアメリカに変わった。

スペインがフィリピンに残したものは二つあり、一つは、キリスト教を広めたことである（ただ、南部のミンダナオ島などは、それ以前にイスラームが伝来して、独立後、分離独立運動が起こった）。もう一つは、アシエンダ制と呼ばれる、大土地所有者と大農園主が形成されたことである。彼らは独立後、工業化が始まると製造業に参入して、巨額の富を得た。この結果、フィリピン社会は少数の富裕層と多数の貧困層に二極化していることが特徴の一つで、これが指導者の国家形成に強い影を落とした。

アメリカがフィリピンに与えた影響は、独立後の政治制度がアメリカのそれを採り入れたものであること、すなわち、大統領制、上院と下院の二院制、それに独立当初は二大政党制だったことなどである。とはいえ、これは制度上のことでしかなく、フィリピンのアメリカ型民主主義の実態は混乱の連続だった。第二次世界大戦後、アジアでは最も早く一九四六年に独立したフィリピンは、土着要素よりもスペインとアメリカの強い影響を受けたのである。

本章は、フィリピンの国家形成がどのようなものか、植民地社会の変革を掲げて数多くの指導者が登場したなかで、独裁体制のもとで経済開発を進めたマルコス、独裁を否定して民主化を進めたアキノ、それに社会の秩序確立を謳って強権を行使したドゥテルテの三人を中心にみていく。またフィリピンは複数の指導者一族を輩出している国でもあり、マカパガル一族、マルコス一族、アキノ一族の指導者についても簡単にみることにする。

マカパガル政権の国家形成——フィリピン社会の改革

フィリピンは一九四六年に独立すると、自由党を基盤にするマヌエル・ロハスが大統領に就任し（在任一九四六〜四八）、その後、自由党と国民党を基盤にする三人が就任した。そして、一九六一年に自由党を基盤にするディオスダド・マカパガル（一九一〇〜九七）が大統領に就任した。マカパガルはルソン島の貧農出身で、苦学の末にサント・トマス大学を卒業し、博士号を取得して弁護士になった。第二次世界大戦後、外務省に入り外交官になり、一九四九年に自由党の下院議員に当選して政治家に転じ、六一年の大統領選挙で現職のガルシアを破って当選したものである。フィリピンの指導者には弁護士出身者が多いが、マカパガルもその一人だった。

マカパガル政権（一九六一～六五）の国家形成は、経済分野では、経済自由化に置かれ、為替統制の廃止や平価切り下げを断行した。農業分野では、フィリピンは貧農が多数を占めることから、農民の地位改善を目的に農地改革を行った。ただ、マカパガル政権の国家形成は、内容的にも時間的にも不十分なものに終わったことを否めない。独立直後の時期は、共産武装勢力の反乱が起こるなど政情が安定していなかったし、大統領の任期一期（四年）では十分でなかったからである。

マカパガルは再選を目指した一九六五年大統領選挙で、マルコスに敗れて政治家を引退したが、引退後は、マルコスの強権政治を批判して民主政の回復を訴えた。フィリピン社会を変革する国家形成の営為は、マルコスに引き継がれることになる。

マルコスのバックグラウンド

マカパガルを破ったフェルディナンド・マルコス（一九一七～八九）は、ルソン島北部の北イロコス州で生まれ、父は同州選出の下院議員を務めた。一九三九年にフィリピン大学法学部を卒業し、同年の弁護士資格試験で最高点を得るなど、雄弁で知られた俊才だった。一九四一年にアジア太平洋戦争が勃発すると将校として参加し、フィリピンに進攻した日本軍とのルソン島での戦いに敗れて捕虜になり、捕虜収容所まで炎天下を長時間歩くことを強いられて多くの死者が出た、悪名高い「死の行進」を経験した。

第二次世界大戦が終わると、ロハス初代大統領の経済担当補佐官に就任し、一九四九年に自由党から下院議員選挙に当選して政治家になり（当選時、三十一歳で最年少記録だった）、五九年に上院

フェルディナンド・マルコス
（1917-89）

議員に当選した。一九六三年には上院議長に就任したが、同党のマカパガル大統領と対立して国民党に移った。そして、一九六五年の大統領選挙に国民党から出馬して、現職のマカパガルを破り当選したものである。

マルコスは一九六九年大統領選挙でも再選されたが、勝利は金と暴力に依存したものだったと言われている。マルコス政権（一九六五〜八六）の「体質」はこのときから明らかで、再選すると独裁体制を築いた。一九七二年九月に国内の治安危機を理由に、戒厳令を発令して議会を停止し、自分に対抗する有力政治家を逮捕したことは、その第一歩だった。戒厳令の理由として、共産党の武装集団である新人民軍の軍事活動、それに南部ミンダナオ島の分離独立を掲げたイスラーム武装集団の活動を挙げたが、戒厳令がマルコス政権の永久化を意図したものだったことは明白だった（戒厳令は一九八一年に解除された）。この結果、マルコスは国軍最高司令官に加えて、立法・行政・司法の全権を掌握した。そして、その仕上げとなったのが、一九七三年に新憲法を制定して、二期と定められていた大統領任期を無期限にし、永久政権への道を制度化したことだった。独裁者マルコスの誕生である。

マルコス政権が誕生すると、イメルダ夫人（一九二九〜）も政権の要職に就いた。イメルダはマニラの名門ロムアルデス家の出身で、一時期、中部のレイテ島で過ごしたが、その後マニラに戻り、一九五四年に下院議員のマルコスと結婚した。イメルダはマニラ首都圏知事や居住環境相に任命されて夫婦で政権を担い、イメルダの弟も駐米大使と駐中国大使を務めた。

マルコス政権の国家形成1――「開発主義国家」と「新社会」

約二〇年続いたマルコス政権は、フィリピン政治の構造を変えるものだった。形式性が強かったとはいえ、それまでは国民党と自由党の二大政党を基盤に、大統領が定められた任期をほぼ交代で務めていた。しかしマルコスは一九七八年に、国民党、それに自由党の一部を取り込んで創った政党の新社会運動を基盤に、一党独裁体制を構築したのである。

なぜ独裁なのか、マルコスは、経済開発と社会改革を進めるために必要だとして正当化した。一九七二年の戒厳令の理由としても、国家が危機状況にあることに加えて、社会改革を挙げている。マルコスはフィリピン社会の病理はスペイン植民地時代に形成された少数エリートの支配による経済的不平等にあるとし、これは政府が改革の主体になってのみ、すなわち、「上からの革命＝民主的革命」によってのみ解決できると唱えたのである。

要するに、マルコスの眼には、フィリピンは大地主や実業家など一部の経済特権層が富を独占して、多くの国民は貧しい状態にとどめ置かれている、貧民層が自力で貧困から抜け出すのはほぼ不可能なので、政府に権力を集中して、彼らのために経済開発を推し進める必要がある、と映ったのである。ここからフィリピン社会を全面的に改革すること、すなわち、マルコス型開発主義国家のもとで寡頭支配を打破して、「新社会」を創ることをスローガンに掲げたのである。マルコスが創った政党名の新社会運動は、これを受けたものだった。

マルコスが掲げた、新社会を実現するための重要政策の一つが農地改革だった。これにより貧民の経済社会的地位を改善することがねらいとされた。具体的には、米とトウモロコシの耕作地における地主保有地を対象に、地主が所有できる土地の上限を設け、自作農の創出を試みたのである。ただ、フィリピン農業の主力であるサトウキビは除外されたし、農地改革が行われた土地は六万七〇〇〇ヘクタールにとどまり、極めて不十分だったことは否めない（これは、この後でみる政権と較べると明瞭になる）。この背景には、中国や北朝鮮など社会主義国では、農地改革（土地改革）は有無を言わさずに実行されたが、フィリピンの場合、大地主層が政治的有力者でもあり、実施が難しいことがあった。

経済分野では、経済開発を促進するために経済開発庁を創設し、輸出指向型工業化を本格化させた。一九七〇年代の国民総生産の年平均成長率は六～七パーセントを記録した。開発資金の一部は日本やアメリカなどの援助で賄われ、産業開発を担ったのが、マルコス家とイメルダ夫人のロムアルデス家、それにクローニーと呼ばれた、スペイン系と華人系のマルコス政権の取り巻き企業家の一群だった。

マルコス政権の国家形成２――暴力と腐敗

一方、マルコス政権は政治家や企業家の利権漁りなどが顕著で、指導者が腐敗の顔を持つものだった。一例を挙げると、日本など先進国から多額の開発資金援助が行われたが、開発事業を落札した企業からマルコス政権関係者に謝礼として巨額のリベートが渡るなど、大統領一族が五〇～二〇〇億ドルの財産を不正に蓄積した疑惑が持ち上がったことである。

これがマルコス政権の崩壊につながった。マルコスの政敵のベニグノ・アキノ前上院議員は、一九七二年の戒厳令で逮捕され、七七年に政権転覆罪で死刑判決を受けたが、その後アメリカに出国した。アキノは一九八三年にアメリカから帰国したが、搭乗機がマニラの空港に到着した直後に、マルコス政権一味の手で射殺された。これが多くの国民の怒りを招き、国民に強い影響力を持つカトリック教会や中間層などを中心にマルコス打倒運動が急速に高まったのである。

社会が騒然とするなかで一九八六年二月七日に大統領選挙が実施され、マルコスと、暗殺されたアキノの夫人、コラソン・アキノが出馬した。マルコス陣営は敗れたにもかかわらず、投票集計を不正に操作して当選を唱えたため、軍の一部指導者がマルコスを批判し、これに都市中間層だけでなく貧困層も加わって、連日退陣を要求するデモが展開された。ついにマルコス政権を支えていた軍、それにアメリカ政府が見限ると、同月二十五日にマルコスはイメルダ夫人とともにハワイに亡命し、マルコス政権は終焉を迎えた。フィリピン社会の改革を唱えたマルコスは、最後には暴力と腐敗を国民の眼にさらしたのである。

アキノ政権の国家形成——民主化

マルコスを追放した民主化運動は、「ピープル・パワー革命」と呼ばれた。大統領選挙に勝利したコラソン・アキノ(一九三三～二〇〇九)は、フィリピン有数の大地主・実業家であるコファンコ家の出身で、ルソン島のタルラックで生まれた。一九五四年にベニグノと結婚し、大統領選挙に出馬する前は政治経験が皆無だったが、夫の暗殺を契機に民主化運動のシンボル的存在になり、これが当選の原動力になったのである。

アキノ政権（一九八六～九二）の国家形成は、マルコス独裁体制を民主主義体制に変えること、すなわち、「脱マルコス化」「民主化」を最大の目標に掲げた。政治分野では一九八七年に新憲法を制定して、大統領の任期を一期六年（再選禁止）とし、マルコス独裁型に代えてアメリカ型大統領への変更、中央議会や地方議会における選挙の実施、肥大化した国家の役割の縮小などの改革を行った。

経済社会分野では、自身が大地主一族の出身だったにもかかわらず、農地改革を公約に掲げて、マルコス政権が手を触れなかったサトウキビ、麻、ココナツなどフィリピンの主力農産物を対象にした土地改革を行った。結果は、マルコス政権が約七万ヘクタールにとどまったのに対し、八一万三〇〇〇ヘクタールの実績を上げた。ただ、それでも大地主など既得権層の抵抗もあり、不十分だったことは否めない。

アキノ政権が多くの難題を抱えたことも事実だった。マルコス退陣後も力を維持する軍のマルコス忠誠派などによるクーデタ未遂事件が七回起こったことは、その一つである。とりわけ一九八九年のものは大規模で、フィリピン駐留アメリカ軍に支援を求め、ようやく鎮圧している。また、共産武装勢力やイスラーム武装勢力との和平交渉にも失敗して政治社会が不安定になり、経済も停滞した。アキノ政権はこのようななかで、任期を終えた。

一九九二年の大統領選挙では、アキノ政権を支えた軍人出身のフィデル・ラモスが当選してアキノ政権の国家形成路線を継承した。ラモス政権（一九九二～九八）の国家形成は、約一八九万ヘクタールの土地改革を行ったことが特筆される。また、アキノ政権では進展しなかった経済開発の促進、解決に至らなかったが共産武装勢力やイスラーム武装勢力、軍内の反政府勢力など、武装勢力との話し合いも進み、一定の成果を挙げたと言える。

アロヨ政権の国家形成——不十分な成果と腐敗

ラモス後の一九九八年大統領選挙は、フィリピン社会の貧富格差が依然として顕著だったこともあり、貧民救済を訴えた映画俳優出身のジョセフ・エストラーダが当選した（得票率約四〇パーセント）。しかし、エストラーダ政権（一九九八～二〇〇一）は、自らが売り込んだイメージと全く違い、非効率で不正や腐敗が顕著だった。そのため再度「ピープル・パワー革命」が起こり、エストラーダは二〇〇一年に任期途中での辞任を余儀なくされた。

エストラーダの辞任により、副大統領のグロリア・アロヨ（一九四七～）が大統領に昇格した。アロヨはマニラ生まれ。マカパガル元大統領の娘なので、これがフィリピンにおける指導者一族の始まりだった。アロヨは一九六四年にアメリカのジョージタウン大学に留学した後、フィリピン大学で経済学博士号を取得して上級講師に就いた経済学者である。一九八七年にアキノ政権の貿易産業省次官に任命され、九二年に上院議員に当選し、九八年にエストラーダ政権の副大統領に就任した。アロヨは、エストラーダの残りの任期を務めただけでなく、二〇〇四年大統領選挙でも勝利して（得票率約四〇パーセント）、一〇年近く大統領を務めた。

アロヨ政権（二〇〇一～一〇）は、アロヨが経済学者だったことから財政再建を国家形成の目標に掲げ、歳入拡大と歳出削減を行って財政の健全化に一定の成果を挙げた。しかし、政治を含めると、その国家形成の成果は芳しいものではなかった。

二〇〇四年大統領選挙のさいに、選挙管理委員会幹部に対して開票集計の操作を指示した疑惑が発生するなど、アロヨ政権の公正さと正当性に対して疑念が持たれたことは、その一つだった。これに加えて、弁護士の夫や下院議員の長男や義弟などの汚職疑惑も起こり、アロヨ一族の疑惑が絶えなかった。大統領選挙翌年の二〇〇五年に主要閣僚一〇人が辞任し、議会も大統領弾劾要求を提出、首都マニラではアロヨ批判集会が開催された。これに対して、アロヨは大統領制から議院内閣制に変更して、大統領の権限を縮小するといった憲法改正で批判をかわそうとしたが、憲法改正にも失敗した。アロヨ政権は、国民の強い批判のなかで任期を終えた。

ベニグノ政権の国家形成――腐敗の撲滅と紛争の解決

アロヨの次の指導者が、二〇一〇年大統領選挙で得票率約四二パーセントを獲得して当選した、ベニグノ・アキノ三世（一九六〇～二〇二一）である。ベニグノはアキノ元大統領の長男で、これはマカパガル一族に次ぐ二つめの指導者一族の登場だった。

ベニグノ政権（二〇一〇～一六。コラソン・アキノ政権と区別するために、ベニグノ政権と表記する）の国家形成は、同じ二世指導者でも、アロヨ政権とは異なるものだった。フィリピンの病理とも言える汚職と腐敗の撲滅、それにガバナンスの向上を国家形成の目標に掲げたことは同じだが、アロヨ政権が単に旗を掲げたことで終わったのに対し（それどころか自ら手を染めた）、ベニグノ政権は一定の成果を挙げたからである。この結果、世界におけるフィリピン政府の腐敗度ランクは良い方向に上昇した。

ベニグノ政権は、フィリピンの長期ビジョンの土台を造ったことも成果の一つに挙げられる。フィリピンは大統領任期が一期六年であることから、政策の継続性や長期計画に欠けるという「構造的問題」を抱えている。しかしベニグノ政権末期に長期ビジョンの作成を進め、この方針が次の指導者に継承されたのである。

もう一つの成果は、独立後、続いていた分離独立紛争の解決の糸口をつけたことだった。フィリピン社会は、スペイン植民地時代に広まったキリスト教徒が多数派を占めるが、南部のミンダナオ島などでは、それ以前にイスラームが伝わり定着していた。そのため指導者にとり、イスラーム武装勢力の分離独立要求とテロにどう対処するかは、極めて重大な課題だった。これに加えて、ミンダナオ島は石油や天然ガスやニッケルなど天然資源が豊富なため、経済開発を進めるうえでもこの問題への対処は重要だった。ベニグノ政権は分離独立を求めるモロ・イスラーム解放戦線と和平に向けた話し合いを進め、二〇一四年に和平協定を締結した。ミンダナオ島に自治政府を創る合意までには至らなかったが、分離独立問題を解決する下地を創ったのである。

外交では、独立以来、指導者の外交政策の基軸はアメリカに置かれていたが、マルコス独裁政権がアメリカに支えられたものだったことから、アキノ政権になると反米感情が高まり、対米関係が弱まった。しかしベニグノ政権は、南シナ海への進出を強めた中国に対応するために、親米のスタンスをとった。また、アロヨ政権のようにクーデタ未遂事件が起こることもなく、政権が安定性を増した。ベニグノ政権は、母のアキノ政権が築いた民主政の基盤のうえに、武力紛争や腐敗の問題に対処して、フィリピン社会の安定性を確保し、経済発展をもたらしたと言える。

ドゥテルテのバックグラウンド

しかし、ベニグノ政権が多発する凶悪犯罪といった治安問題を解決したわけではなかった。多くの国民にとり、治安問題は解決されるべき懸案として残っていた。これが二〇一六年大統領選挙で、汚職や犯罪のない社会を創ることを掲げたドゥテルテが勝利した要因になったのである（得票率は約三九パーセント）。

ロドリゴ・ドゥテルテ（一九四五～）は、中部のレイテ島で生まれた。父はマルコス政権で閣僚を務めている。父の死後、母はミンダナオ島のダバオで反マルコス運動を主導し、アキノ政権が誕生するとダバオ副市長に任命された。検事だったドゥテルテはダバオ市長選に出馬して当選し、七期（二二年）務めた。

注目されるのはドゥテルテが市長在職中に、ダバオ市の治安回復、夜間の酒販売禁止、公共の場での禁煙、何よりも麻薬関連犯罪者を超法規的手法により「処分」して治安を回復し、多くの市民から圧倒的支持を得たことだった。その手法は、治安を回復・維持するためには法や人権を無視しても構わないというもので、これを語るのが、ドゥテルテが「犯罪者は必要であれば殺す」と公言したことだった。このスローガンを掲げて、ドゥテルテは二〇一六年の大統領選挙に勝利したのでである。

ドゥテルテ政権の国家形成——「超法規的」手法による犯罪者の撲滅

ドゥテルテ政権（二〇一六～二二）は、直ちに選挙公約に掲げた秩序の回復と維持、すなわち、ドゥテルテ流国家形成に着手した。就任後の約半年で七〇〇〇人以上の麻薬関連犯罪者が合法的、あるいは超法規的に殺害されたことは、これを雄弁に語っている。留意すべきは、ドゥテルテの人権を無視した超法規的措置は国民の批判を受けるどころか、富裕層だけでなく貧困層など、国民各層の支持を得たことだった。国民は秩序のために「強い」指導者を求めたのである。

ドゥテルテ政権は、外交でも独自路線を打ち出した。アメリカとの緊密な政治と軍事、経済関係に基軸を置くベニグノ政権の外交方針を転換して「アメリカとは決別する」と宣言し、経済大国になった中国に接近する政策をとった。実際に、就任した二〇一六年十月に中国を訪問して対話路線を闡明《せんめい》にし、大規模な援助や投資を得た。

ドゥテルテ政権が、これまでの政権の懸案だったイスラーム武装勢力の分離独立紛争を解決したことも特筆される。ベニグノ政権のモロ・イスラーム解放戦線との包括的和平合意をもとに、就任後の二〇一九年に、ミンダナオ島に「バンサモロ自治地域」を発足させたことがそうである。これには、ドゥテルテがミンダナオ島の主要都市のダバオ市長を長く務めたことが手助けになったと思われる。

「型破り」のイメージが強いドゥテルテ政権だが、経済政策に関しては税制改革、フィリピン経済の競争力向上と外資規制の緩和、インフラ整備、貧民を救済する土地改革など、ベニグノ政権の政策を継承して成長路線を歩んだ。そして、二〇一六年に「国家ビジョン二〇四〇」を策定し、二〇四〇年にはフィリピンが世界の上位中所得国入りを目指すことを目標に掲げた。ドゥテルテ政権は、「過激な」言説のかたわらで、着実な経済社会政策を進めて国民の経済実利の向上に努めるものだったと言える。

マルコス・ジュニア政権の登場

二〇二二年大統領選挙では、マルコス元大統領の長男のフェルディナンド・マルコス・ジュニアが当選した。注目されるのは、得票率が一九九〇年代以降では最高の約五九パーセントで、歴史的圧勝だったことである。副大統領にドゥテルテの娘が当選したが、二人とも指導者一族に属する。マルコス・ジュニアの当選は、副大統領候補に国民の間で人気が高いドゥテルテの娘を配して、その支持層を取り込んだことが圧勝につながったとみられている。国民の間で指導者一族への期待が高いことが分かる。

マルコス・ジュニア政権(二〇二二〜)の国家形成はこれからだが、当選前は父マルコスの独裁を正当化する言説を述べていたことから、父と同様に独裁を行うのではないかとの懸念があった。しかし政権が始まると、強権ではなく柔軟な統治手法を採り、外交も、ドゥテルテ政権の親中国路線から転換して、アメリカを軸にした路線に戻った。また経済政策では、ドゥテルテの「国家ビジョン二〇四〇」を受けて、それを推進するためにインフラ整備などの開発計画を打ち出した。この点で、マルコス・ジュニア政権は、ベニグノ政権の国家形成を継承したとみることができる。

ただ、マルコス・ジュニア政権については、父と同様、マルコス家と母のロムアルデス家が一体となった「マルコス・ロムアルデス一族」の利権政治が復活したことが指摘されている。マルコス・ジュニアの従兄弟のロムアルデスが下院議長になっただけでなく、ロムアルデス家の企業活動が活発になり、急速に規模を拡大しているからである。今後これが、国民のマルコス・ジュニア政権をみる眼にどのような影響を与えるのか、予断を許さない。

小括

フィリピンの国家形成と指導者の観点から注目されることは、二つある。一つは、一九六〇年代にマルコスが登場して、フィリピン社会の改革を掲げて独裁体制を築いたこと、そして、八〇年代後半に民主化運動が起こり、独裁体制が崩壊したことである。フィリピンはマルコス独裁で始まり、その後、民主化されて現在に至ったもので、これは、これまでみた国のなかで韓国と台湾に類似した道を辿っている。

ただ民主化後に、新たな問題が生まれている。アメリカ型大統領制は現在も続いているが、政党はそうではないことである。独立当初は二大政党制が機能して、二つの政党を基盤にする大統領がほぼ交互に就任したが、マルコス後は政党が名目的存在に転化して、選挙のための単なる「ラベル」に過ぎなくなったからである。政党が本来の役割を果たしていないわけで、これは韓国とほとんど同じである。

もう一つは、独立から現在まで七五年ほどの期間に、マカパガル一族、マルコス一族、アキノ一族と、三つの指導者一族が生まれたことである。一九六一〜九二年はマカパガル、マルコス、アキノの第一世代が就任し、その後、二〇〇一年のマカパガルの娘のアロヨを端緒に、アキノの息子のベニグノ、マルコスの息子のマルコス・ジュニアの第二世代が就任した。そのため、フィリピンは指導者一族による統治が慣例化、もっといえば「制度化」しているとみることも可能である。

なぜなのか、これを考えるさいにヒントを与えてくれるのが、本章の冒頭に指摘した、フィリピン社会の構造的特徴である。国民の貧富格差が極めて大きく、ごく一部の大地主や実業家の富裕層と、国民の大半が貧しい貧困層に属して、鋭く分化している。経済有力者は一族から政治家を送り出すことが一般的であり、経済支配層と政治支配層がほぼ重なっている。重要なのは、これが、指導者一族が限定されている社会的要因の一つと考えられることである。

フィリピン社会を改革するという国家形成の点では、マルコスは国民の経済格差構造を打破することを謳ったが、結果は、既存の構造に取り込まれて、自分も「支配既得権層」の一員となった。その後の指導者も、この構造の打破を試みたが、成功したと言うことはできない。改革は今後の指導者の課題と言える。

第6章　インドネシア――スハルト「新秩序」

東南アジアの広大な海域に浮かぶ約一万三〇〇〇の島からなるインドネシアには、さまざまな民族がいる。土地が肥沃で稲作が発達したジャワ島のジャワ人（国民の約四二パーセント）、隣のバリ島に住むバリ人、スマトラ島北部のアチェ人、東部のカリマンタン島のブギス人などがそうである。このようなかで近現代史は、歴史文化と政治経済の中心のジャワ島に住むジャワ人を軸に展開された。宗教も多様で、国民の八七パーセント程を占めるムスリムの他に、ヒンドゥー教徒、仏教徒、キリスト教徒などがいる。これらは長い歴史過程でアジアや世界各地から伝播したもので、独立後の国家形成に強い影響を与えた要素でもある。

オランダ植民地になったインドネシアの独立運動を主導したのが、ジャワ人で民族主義者のスカルノ、スマトラ島のミナンカバウ人で、オランダに留学して欧米型民主主義を信奉するハッタ、それに共産主義者などで、彼らはそれぞれに異なる政治観の持ち主だった。なかでも最大の独立運動指導者が、植民地時代の一九二八年に民族や言語や宗教などの違いを超えて、この地域に住む人びとの共通軸として、「インドネシア」（インドの島々の意味）概念を唱えたスカルノだった（オランダは「オランダ領東インド」と呼んでいた)。

第二次世界大戦中の日本占領、オランダとの独立戦争を経て、真の独立を達成したのは一九四九年のことだった。独立後の国家形成で特異なのは、一九四五〜九〇年代末の期間に大統領がスカルノとスハルトの二人だけだったこと、ともに独裁者タイプに属したこと、国家形成の内容が全く違うものだったことである。そして一九九〇年末に、アジア経済危機を契機に民主政に転換すると、指導者は憲法に定められた制度に従って統治するようになり、現在に至っている。

本章は、政治イデオロギーを強調したスカルノと、それを否定して経済開発を掲げたスハルトの二人の指導者を中心に、インドネシアの国家形成と民主化がどのようなものか、その過程と特徴をみることにする。

スカルノのバックグラウンド

スカルノ(一九〇一〜七〇)は、東ジャワの商業都市スラバヤで、ジャワ人下級貴族で先住民小学校教師のムスリムの父と、バリ人でヒンドゥー教徒の母の間に生まれた。父が東ジャワのモジョクルトのインドネシア語教育の先住民小学校教頭になると、スカルノも同地に移り、父が勤務する学校で学んだ。五年生のときにインドネシア人エリートが通うオランダ語教育のヨーロッパ人小学校に編入したが、これは父の夢がスカルノをオランダに留学させることだったからである。

一九一六年にオランダ語教育のスラバヤの高校に入学し、父の友人のチョクロアミノトの家に寄宿した。これが、独立運動指導者スカルノが誕生する契機になった。というのは、チョクロアミノトは一九一二年に設立されたインドネシア最初の民族主義団体のイスラーム同盟の著名な指導者で、スカルノは彼から大きな感化を受けたからである。個人的にもチョクロアミノトの娘と一九二〇年に最初の結婚をしたが、後に離婚した。一九二一年にバンドン工科大学に入学して土木学を専攻し（同級生の大半はオランダ人だった）、二六年に卒業して建築技師の資格を得た。この間、一九二三年に二度目の結婚をした。これらの教育によってスカルノは、ジャワ語、インドネシア語、オランダ語を自由に操ることができ、これがスカルノの武器の一つになった。

高校在学中に民族主義に目覚めたスカルノは、大学卒業後は就職することなく、卒業翌年の一九二七年にインドネシア国民党を創設して党首になった。「ムルデカ」（独立）をスローガンに掲げて精力的な独立運動を行ったが、植民地宗主国オランダの弾圧により長期間の投獄と流刑を受けた。しかし結果的に、これがスカルノの名声を高めることになったのである。アジア太平洋戦争が始まり一九四二年に日本がインドネシアを占領すると、スカルノは他の独立運動指導者とともに解放されたが、日本統治への協力を余儀なくされた。

日本が敗戦した一九四五年八月、スカルノは独立宣言を行い、初代大統領に就任した。しかしオランダが独立を容認せず軍隊を派遣したので、独立戦争（一九四五～四九）が戦われ、実質的な独立は一九四九年末のことだった。

スカルノ政権の国家形成――「第三世界のリーダー」を目指す

一九四九年にスカルノの国家形成が始まったが、スカルノはすでに、独立前の四五年六月に開催された独立準備調査会の会議で、パンチャシラ（建国五原則）と呼ばれる国家原則を表明している。「唯一至高なる神」「公正で文化的な人道主義」「インドネシアの統一」「協議と代議制において叡智によって導かれる民主主義」「インドネシア全国民に対する社会的公正」がそうである。このうち、「唯一至高なる神」は、国民の多数をムスリムが占めるとはいえ、イスラームのことではなく、キリスト教、ヒンドゥー教、仏教など、それぞれの国民が信仰する神を指す。

スカルノは大統領ではあったが、実際の統治は一九五〇年に制定された暫定憲法に基づいて議院内閣制がとられ、首相が統治権を握っていたため、大統領の権限は小さかった。一九五五年にスカルノ政権で唯一の総選挙が行われたが、選挙制度が比例代表制だったこともあり、イスラーム諸政党、民族主義政党、インドネシア共産党など、数多くの政党の分立状態になった。

一九五〇～五七年の短期間に六つの連立政権が創られるなど政党政治が混乱すると、スカルノが実権を握ったのである。一九五九年に大統領命令を発令し、大統領に強い権限を与えた一九四五年憲法に復帰して、インドネシアは政党ではなく大統領に「指導される民主主義」が相応《ふさわ》しいと唱えた。議会と政党活動を停止し、政党代表や軍人を含む職能代表から構成される、ジャワの統治伝統に基づいた官製の「ゴトン・ロヨン議会」（助け合い議会）を設置して、翌一九六〇年に約三〇〇人を議員に任命した。この背景には、スカルノが欧米型議会制民主主義に不信感を持ち、ジャワ社会の慣行に基づいて統治しようとしたことがあった。

実質的に、一九五九年に始まったスカルノ政権（一九四五～六六）の国家形成の基本原理は、内政では民主主義、宗教、共産主義の三つからなる「ナサコム」、外交では反帝国主義・反植民地主義に置かれて、第三世界ナショナリズムが強調された。スカルノは、経済開発を進めて国民の生活を改善・向上することよりも、インドネシアが第三世界のリーダーであることに、国の栄光とスカルノ政権の正当性を求めたのである。

このイデオロギー政治のもとで、アメリカなど欧米諸国をインドネシアの敵として批判し、一九六三年に隣国に同じイスラーム国家のマレーシアが誕生したことを、イギリス帝国主義の陰謀として「粉砕」闘争を開始し、ゲリラ部隊を送り込んだ。スカルノは次第に、アメリカと対立する中国寄りのスタンスをとり、国内でも共産党を重視したので、インドネシア共産党は一九六〇年代になると、党員二五〇万人、数千万人の支持者を持つ一大勢力になった。

このようななかで一九六五年、スカルノ政権を終わらせるに至る大事件が起こった。スカルノ体制を支える二大勢力であった軍とインドネシア共産党が衝突し、陸軍司令官など六人の将軍が殺害された「九・三〇事件」が発生したのである。事件後、混乱の責任はインドネシア共産党にあるとした軍やイスラーム勢力などによって四〇万～五〇万人といわれる共産党員が殺害され、残った党員や支持者なども逮捕され、インドネシア共産党は非合法化された。

事はこれにとどまらなかった。事件の真の責任はスカルノにあるとの批判が起こり、混乱事態を収拾した陸軍のスハルト少将が一九六六年に実権を握ったのである。翌一九六七年にスカルノの職が停止されてスハルトが大統領代行に就任し、六八年に正式に第二代大統領に就任した。事件の真相は謎に包まれたまま、失意のスカルノは軟禁状態に置かれて一九七〇年に死去した。

スハルトのバックグラウンド

スカルノを追い落としたスハルト（一九二一～二〇〇八）は、中ジャワの古都ジョクジャカルタ近郊の村で、村役人を父に生まれたジャワ人である。一九二九年に小学校に入学し、三四年に中学校に入ったが転校し、三九年に卒業したのはジョクジャカルタの中学校だった。

スハルトの人生の転機になったのが、一九四〇年に在インドネシアのオランダ陸軍に採用されたことだった。ヨーロッパで前年に第二次世界大戦が勃発すると、日本のインドネシア進攻も時間の問題となったことから（日本の目的はインドネシアの石油など一次資源の確保にあった）、オランダはインドネシア人兵を採用して、日本の進攻に備えたのである。軍人スハルトの第一歩だった。六ヵ月の基礎訓練を受けた後、伍長として東ジャワに配属され、その後、西ジャワに配属されたが、一九四二年に日本軍がジャワ島に進攻するとオランダ軍は降伏した。

日本の占領統治が始まると、スハルトはジャカルタ警察に志願して採用されたが、日本が連合国軍の反撃からインドネシア（ジャワ島）を防衛するために郷土防衛義勇軍を創るとそれに志願し、一九四三年に小隊長としてジョクジャカルタ近郊に配属された。翌一九四四年に中隊団長になり、その後、マディウンの大隊参謀に昇格し、当地で日本の敗戦を迎えた。

第二次世界大戦後、義勇軍兵士を中心に、インドネシア共和国軍が創られると、スハルトは参加して、ジョクジャカルタの人民保安隊副大隊長に就いた。オランダとの独立戦争が始まると、共和国軍の一将校として参加し、一九五〇年に中ジャワのスマラン駐在のディポネゴロ師団の旅団長になった。その後のスハルトにとって重要だったのは、このとき旅団責任者として、旅団の装備などに必要な資金を独自に調達するルートを構築したことだった。後にスハルト政権で有名になる華人企業家リム・シューリョンと特別な関係を築いて、それを資金源にしたのである。

スカルノ独裁が始まった一九五九年に、スハルトはジャカルタの陸軍指揮幕僚学校に入学し、その後、軍の中枢で急速に出世し、陸軍内部で確たる地位を築いた。一九六五年に「九・三〇事件」が発生すると、事件を鎮圧してスカルノから実権を奪い、新指導者になったのである。オランダ、日本、インドネシアの軍隊に勤めた経歴が語るように、スハルトは典型的な軍人指導者に属する。

スハルト政権の国家形成1――「新秩序」と軍による政治管理

スハルト政権（一九六六～九八）は、約三〇年に及ぶ超長期政権になった。注目されるのは、国家形成の基本がスカルノ政権を反面教師にしたもの、すなわち、スカルノ政権の国家形成の全面的否定だったことである。具体的には、スカルノ政権のイデオロギー政治を否定して、軍による秩序を創出し、スカルノ政権が無視した経済開発に全力を注いだ。この点で、スカルノが夢想家だったのに対し、スハルトは現実主義者だったと言える。スハルト政権は「新秩序」を国家形成のスローガンに掲げ、その中核になったのが政治安定と開発の二つだった。政治安定は政党活動などに起因する混乱をなくして秩序を創出すること、開発は経済

スハルト（1921-2008）

開発の推進のことである。

スハルト政権は統治体制の基軸に軍を置いて、本来の任務の治安だけでなく、行政や政治の主要ポストに軍人を任命した。この特異な措置は、軍には「二重機能」があるとの論理で正当化された。そして、スハルト政権の開発が本格化すると軍関連の企業活動も高まった。これが語るように、選挙を実施して大統領に就任し統治したとはいえ、スハルト政権を支えたのは軍であり、実質的に軍政と言えるものだった。

スハルト政権は、「新秩序」のために政党を厳しく管理した。スカルノ政権で活発だった一〇を超える政党を、強制的にイスラーム系政党と非イスラーム系政党の二つに統合し、他方では、スハルト政権を支える与党としてゴルカル（形式的には職能団体で、政党ではないとされた）を育成した。特異なのは、インドネシア人大衆は視野の狭い政党のイデオロギー闘争に惑わされやすいとの理由で、政党（野党）が国民の大半が住む村で活動することを禁止し、政党ではないゴルカルの活動を認めたことだった。

スハルト政権は、定期的に総選挙を実施したが（スカルノ政権では一回だけだった）、ゴルカルの勝利は約束されたも同然だった。一例を挙げると、スハルト政権最後の一九九七年総選挙は、国民の選挙で選出される議会四二五議席のうち、ゴルカルが三二五議席（約七六パーセント）、野党の開発統一党が八九議席（約二一パーセント）、民主党が一一議席で、与党の圧勝だった。開発統一党の議席が多いのは、スハルト政権が民主主義体制であることを示すために、野党が一定議席を得ることを「容認」したからである。

スハルト政権の巧妙な政治制度を象徴するものとして、大統領選出方式が挙げられる。スハルトは大統領に六選されたが、これを可能にしたのが、大統領選出は一〇〇〇人からなる国民協議会の間接選挙としたことだった。国民協議会は総選挙で選出された五〇〇人の議会議員（五〇〇人のうち四二五人が国民の投票で選出され、七五人は軍人が大統領に任命された）と五〇〇人の任命議員（スハルトが任命した軍や地域代表などで構成され、このうち諸組織代表の一〇〇人が大統領任命）で構成され、国民協議会が大統領を選出する法的根拠は、憲法が「主権は国民に属し、国民協議会が全面的にこれを行使する」と定めたことにあった。大統領を選出する国民協議会の一七五人をスハルトが任命した議員が占めたので、スハルトの選出が「制度的」にほぼ保証されたのである（これに倣った方式は、最近までタイで軍に活用された）。

スハルト政権の国家形成2――開発主義国家と崩壊

スハルト政権の最大の特徴は、堅固な政治体制のうえに、経済開発を最重要課題に掲げたことにあった。これがスハルト型開発主義国家である。当初、開発戦略は輸入代替型工業化が採用されたが、インドネシアは一次資源が豊富で、石油・天然ガスの輸出によって国家財政が潤っていたため（その反面、政治家や官僚の汚職が凄まじかった）、工業化が進展することはなかった。

しかし、一九八〇年代に石油価格が大幅に下落すると、資源依存型経済からの脱却を目指して工業化が本格化し、開発戦略も輸出指向型工業化に転換して、これが経済発展を牽引した。開発の仕組みは、アメリカ留学組のテクノクラートの一群に実権を与え、開発を委ねるものだった。経済開発の司令塔の役割を果たし、国家開発企画庁長官に就任したウィジョヨ・ニティサストロがその代表である。スハルト型開発主義国家は、軍による抑圧的統治に加え、テクノクラートによる合理主義的な経済運営の顔を持っていたのである（これは韓国など他の開発主義国家も同じだった）。

スハルト政権が開発の担い手として、華人企業家（中国系インドネシア人）を活用したことも特徴の一つだった。インドネシアは国民人口の三パーセントほどを、植民地時代に商人や労働者として移民した華人が占めるが、スハルト政権は「九・三〇事件」後に中国と断交し、政治分野では華人の政治活動を禁止し、社会分野では中国語の使用を禁止するなど、中国的なものを抑圧した。しかし経済開発では華人を利用したのである。プリブミと呼ばれるジャワ人など土着インドネシア人は、伝統的に稲作農業などに従事していたためであり、この結果、スハルトと親密な一握りの華人企業家が巨大企業グループを創り上げて、彼らは「政商（チュコン）」と呼ばれるようになった。その代表がスハルトが軍人時代に知り合ったリム・シューリョンである。

スハルト政権は一九九八年に終わったが、その経緯は次のようなものだった。スハルトは高齢になると長女のシティ・ハルディヤンティを後継大統領にすることを考えて、一九九八年三月に社会相に任命した。一族の優遇は企業分野でも顕著で、子供のなかには巨大企業グループを創り上げた者もいた（これは、ファミリー・ビジネスと呼ばれた）。

しかし、一九九七年にタイ通貨のバーツ暴落で始まったアジア通貨危機がインドネシアに波及すると、インドネシア経済は混乱して、国民生活が苦境に陥った。スハルト政権は国際通貨基金などから緊急支援を仰ぐと、支援条件として抜本的な経済改革を迫られただけでなく、国内ではイスラーム勢力や学生などのスハルト退陣要求デモが起こった。これに対して、スハルトが抜本的改革を拒否して、大統領一族の利益と支配の存続を図ったことから、いつ暴動が起こるか分からない緊迫した状況に陥った。スハルト政権を支えていた与党のゴルカル、それに軍が見放すと、スハルトは「裸の王様」になり、一九九八年五月に辞任を余儀なくされたのである。

ワヒド政権とメガワティ政権——民主政の模索と混乱

スハルトが辞任すると、ハビビ副大統領が大統領に昇格した（在任一九九八〜九九）。ハビビは、スラウェシ島の生まれで、バンドン工科大学卒業後、西ドイツで工学博士号を取得したテクノクラートである。大統領に就任すると、直ちに政治犯の釈放、政党や労働組合などの結社の自由、言論の自由を認めるなど、スハルト政権を支えていた抑圧装置を撤廃して民主化を進めた。この素早い動きの背景には、スハルト政権の一員だったハビビが、国民に受け入れてもらうには、スハルト体制を全面的に否定するしかないという功利的判断があった。しかしハビビは国民に受け入れられず、ハビビ政権は一年で終わった。

一九九九年の大統領選挙に勝利したのが、ジャワ人でイスラーム団体指導者のアブドゥルラフマン・ワヒドだった。高名なイスラーム指導者一族出身のワヒドは、インドネシア社会の多数派を占めるイスラーム団体指導者で、軍人スハルト、政党人スカルノと違い、生粋の宗教人に属する。ワヒド政権（一九九九〜二〇〇一）は、脱独裁と民主化を期待されたが、しかしワヒドが朝令暮改を繰り返して、政策や言説に一貫性を欠いたことから大混乱をきたした。そのため国民の間でワヒドの統治能力批判が起こり、任期途中の二〇〇一年に国民協議会により罷免された（その後、憲法が改正されて、国民協議会は大統領の罷免権を持たなくなった）。

解任されたワヒドの後継者が、副大統領から昇格したメガワティ・スカルノプトリ（一九四七〜）である。メガワティはスカルノの長女で、これはインドネシアにおける指導者一族の登場だった。メガワティは、スハルト政権後期の一九八七年に野党インドネシア民主党の議会議員に当選して政治家になり、九三年に同党党首に就任した。しかし、スハルト政権の策謀もあってインドネシア民主党の内紛が起こり、党首の座を追われた。これ以降、スハルト政権批判運動の先頭に立ち、民主化勢力のシンボルになった。メガワティは、スハルト政権崩壊後の一九九九年総選挙に、新たに闘争民主党を創って参加し、勝利して議会第一党になった。これを基盤に同年の大統領選挙に出馬したが、ワヒドに敗れて副大統領に就任し、ワヒドが辞任すると大統領に昇格したものである。

自動昇格とはいえ、メガワティが大統領になったのは国民の人気が高いことが大きかったと言える。若い国民はスカルノ政権の混乱を知らないが、自分が育ったスハルト政権の抑圧的な統制と管理に不満を持っていた。その「アンチテーゼ」として、ポピュリスト指導者スカルノと、娘のメガワティを重ね合わせたことで、人気と期待が高かったのである。これは韓国で朴槿恵が大統領に当選したのと同じ構図と言える。

しかし、メガワティ政権（二〇〇一〜〇四）は、国民が期待したイメージとは違うものだった。ワヒドと同様、メガワティが政策能力や行政能力に欠けていたために、政治社会が混乱し、スハルト政権よりも腐敗が増えたと批判された。「政治的自由」が高まったのは事実だったが、同時に

「腐敗や汚職の自由」も高まったのである。これに加えて、メガワティの夫も大統領一族の立場を利用して、汚職を行ったことが批判された。

メガワティは批判にもかかわらず、二〇〇四年大統領選挙に出馬したが、同年に行われた総選挙で闘争民主党が議会第三党に転落したこともあり、対立候補に敗れた。

ユドヨノ政権――民主政の定着

メガワティに勝利したのが、秩序の確立と汚職撲滅を訴えた軍人出身のスシロ・バンバン・ユドヨノ（一九四九〜）である。ユドヨノは東ジャワで生まれたジャワ人で、父や一族の多くが軍人だった。ユドヨノも軍人の道を歩み、一九七三年に国軍士官学校を首席で卒業し、卒業後、陸軍戦略予備軍司令部、地方軍管区、司令官などを歴任して、スハルト政権が崩壊する直前に国軍参謀本部勤務になった。このように政治とは無縁の道を歩んできたユドヨノだが、ワヒド政権が誕生すると閣僚になり、政治家に転じていた。ただ、ユドヨノは学者の顔も持つ異色の指導者であった。アメリカのウェブスター大学で経済学修士を取得し、大統領就任前にはボゴール農科大学から農村の貧困撲滅に関する研究で農業経済学博士を取得していた。ユドヨノはスハルトと違い、軍人指導者でも独裁者でもなかった。

二〇〇四年の大統領選挙でユドヨノが掲げた汚職撲滅のスローガンは、メガワティ政権の批判ではあったが、同年の選挙は民主化の完成という点でも注目された。それまでの大統領選挙は、スハルト政権のように国民協議会（一〇〇〇人）が選出する間接選挙だったが、同年から国民の直接選挙に変更されたからである。ユドヨノは二〇〇九年大統領選挙でも、自身の政権の副大統領を務めた候補者を破って再選された。

ユドヨノ政権（二〇〇四〜一四）の国家形成で注目されることの一つは、スハルト政権のときに激化したスマトラ島北部アチェの分離独立紛争を解決したことだった。敬虔なムスリムが多く、天然ガスを豊富に産出するアチェは、同じムスリムでもヒンドゥー教や仏教の影響が残るジャワ人が主導する中央政府に反発し、分離独立を求めて武装勢力の自由アチェ運動が熾烈《しれつ》な闘争を行っていた。これに対してユドヨノ政権は、アチェに高度な自治を認めることで、紛争を解決したのである。

もう一つ国家形成の成果と言えるのが、国家公務員や地方公務員に蔓延《まんえん》する汚職に取り組んだことだった。汚職の一掃に成功したわけではないが、インドネシアに顕著な「病理」でなくなったことは確かだった。

ジョコ政権――「庶民」指導者

インドネシアで軍人指導者の時代が終わったことを端的に語るのが、二〇一四年に大統領に就任したジョコ・ウィドド（一九六一〜）である。ジョコは家具を扱う零細企業経営者として出発し、二〇〇五年に中ジャワの古都スラカルタの市長になり、一二年にジャカルタ首都特別州知事に選ばれ、一四年に大統領になった。ジョコ政権（二〇一四〜二四）の特徴は、これまでの大統領と経歴が全く違うだけでなく、政治家になってわずか九年で頂点に登りつめ、国民の間で「庶民」大統領と呼ばれて、高い支持率を維持したことにあった。ジョコ政権は、首都をジャワ島のジャカルタから、北部のカリマンタン島の森林地帯に建設中のヌサンタラに移転することを決めて、首都機能の一部が新首都に移された。

そして、二〇二四年の大統領選挙に勝利したのが、プラボウォ・スピアトンである。一九五一年にジャカルタに生まれたプラボウォは、国軍に加わり、陸軍特殊部隊で活躍して頭角を表し、スハルトの次女と結婚して、スハルト体制の一翼を担った。スハルト政権が崩壊すると、民主派活動家を弾圧した責任を問われて国軍を追放され、ヨルダンなどに亡命した。その後、二〇〇〇年代初めにインドネシアに戻り、二〇一四年、一九年の大統領選挙に出馬してジョコに敗れたが、二〇一九年にジョコ政権の国防相に就任した。

プラボウォはスハルト独裁を支えたことで知られていたが、二〇二四年選挙では国民的人気が高いジョコの後継者として臨んだ。副大統領候補には、選挙直前に四十歳以上という年齢制限が緩和されて、三十六歳のジョコの長男が選ばれ、この組み合わせで圧勝したのである。この背景には、プラボウォがジョコの人気を利用しようと考えたこと、他方、ジョコは新大統領に影響力を持ちたいと考えたことがあった。これは、フィリピンのマルコス・ジュニア大統領とドゥテルテの娘の副大統領の組み合わせと、ほぼ同じ構図である。プラボウォ政権（二〇二四〜）が、ジョコ政権の国家形成路線を継承するのは確かだと思われるが、首都移転も含めて先行きは不透明と言える。

小括

インドネシアは国家形成と指導者の観点からすると、第一期のスカルノ政権における、第三世界のリーダーになることにインドネシアの栄光を求めたもの、第二期のスハルト政権における、前政権から一転して政治イデオロギーを否定して、秩序と経済開発に求めたもの、そして、第三期のユドヨノ政権とジョコ政権における、民主政の定着に国家形成の基本を求めたもの、という三つの時期に区分できる。三つの時期の国家形成は、それぞれに違うだけでなく対照的である。インドネシアの国家形成は、約四〇年に及んだスカルノ政権とスハルト政権のそれが、後継指導者に全面的に否定されて、そのうえに現在の民主政が姿を現したものである。

また、独立直後から発生した、ジャワ人が支配する中央政府に対する地方の反発や分離独立運動を、スハルト政権は力で抑え込んだが、その後の政権は、自治権などを付与することで解決した。この点で、インドネシアは伝統社会の分散状態に回帰したのではなく、地域的に多様な社会を一つにまとめる国家形成を成し遂げたと言える。

指導者の観点からすると、スカルノとスハルトの独裁が四〇年ほど続いたが、一九九〇年代末以降は、大統領が憲法に定められた任期に従って交代する、民主主義制度が機能するようになった。そして、指導者一族の点では、スカルノの長女が大統領に就任したが統治能力不足を国民に批判されて再選できず、スハルトも長女を後継者にすることを考えたが挫折したので、インドネシアでは指導者一族現象は顕著ではない。

その理由はいろいろ考えられるが、経済開発にともなう、社会の多様化が大きな要因ではないかと考えられる。筆者のこの見方を裏付けるのが、指導者の群像から軍人が退場して、政党や宗教団体、それに企業家を軸とするものになったことである。この点で、インドネシアは韓国、台湾などと並んで、独裁から民主政への転換を成し遂げた代表国と言える。ただこれは、選挙や大統領任期などに限ったことであり、ジョコ政権のときに言論の自由など政治的自由への抑圧が強まったことが指摘されている。

第7章　シンガポール――リー・クアンユー「生存の政治」

シンガポールは、マレー半島南端の小さな島で、一八一九年にイギリス植民地になった。それまでは、ほぼ無人の島だったが、イギリスが東南アジアの中継貿易港として振興すると、商売や労働者の機会を求めて、マレー人（一四パーセント）、中国人（七四パーセント）、インド人（九パーセント）が参集して多民族社会が形成された。第二次世界大戦における日本占領を経て、一九六三年にマレーシアの一部になることで独立を果たしたが、わずか二年後の六五年に分離独立した都市国家である。現在、約六〇〇万の人口を抱えるが、農業がほぼ皆無であるのみならず、国民の日常生活に不可欠な水も自給できないので、貿易や外国投資を受けた産業活動など、外国との緊密な経済関係が、国家と国民が生存するための必要条件である。これは独立時だけでなく現在、そして今後もそうであり、シンガポールにとり「不変」の基礎条件と言える。

このように、シンガポールは基礎条件が極めて厳しいにもかかわらず、アジアや世界のなかで、政治安定と経済成長が「形容詞」になっている特異な国である。このシンガポールを創り上げたのがリー・クアンユーであり、統治における組織が人民行動党、経済成長の装置が開発主義である。

この点でシンガポールは、アジアを代表する開発主義国家と言える。

本章は、シンガポールの「国是」ともなっている経済発展のために、リー・クアンユーがどのような国家形成を行い、息子のリー・シェンロンがそれをどう継承したのか、リー・クアンユー父子を中心にみていく。

リー・クアンユーのバックグラウンド

シンガポールの国家形成をみるさいは、分離独立する前の政治過程をみておくことが役に立つ。シンガポールは地理的、歴史的、社会的にマレーシアの一部だったが、イギリスは第二次世界大戦が終わった一九四五年に、マレーシアから切り離して直轄植民地にした。一九五七年にマレーシアが独立すると、シンガポールは単独では国民が生存できないことから、マレーシアに併合する形態での独立を望み、六三年に念願が叶ってマレーシアの一州になった。しかし併合直後から、マレー人が多数を占める中央政府と、華人（中国系人）が多数を占めるシンガポール州政府との間で、経済と政治と民族の対立が起こり、わずか二年後の一九六五年八月に追放されて独立国家になった。しかし独立国家になったとはいえ、多民族社会の安定、国民の食糧の確保、国防体制の構築などさまざまな課題に直面した。

この難問に解答を与えたのがリー・クアンユー（一九二三～二〇一五）である。リーはシンガポールで生まれた華人四世で、父はシェル石油の社員、母は著名な料理家である。五人兄弟の長男で妹が一人おり、兄弟はみな英語教育の学校で学び、弁護士、警察官、医者などになった。リーは七歳のときに英語教育の小学校に入り、十二歳のときに英語教育エリート校のラッフルズ学院に入学し、在学中の一九三九年にケンブリッジ上級試験でトップの成績を修めて、ラッフルズ大学の奨学金資格を得た。しかし一九四二年に日本がシンガポールを占領すると、リーの生活は一変し、生きるためにタイピスト、日本軍の報道部、住宅修理の建築請負業などさまざまな仕事に就いた。

第二次世界大戦が終わると一九四六年九月にイギリス留学に出発し、五〇年七月までケンブリッジ大学で法律を学び、弁護士の資格を得た。イギリス留学はリーに公私にわたって二つの重要なことをもたらした。一つは、後のリー政権の仲間と知り合ったことである。ロンドン大学で学び、リー政権が誕生すると財務相や国防相や副首相を務め、リーの右腕としてシンガポールの経済開発を演出したゴー・ケンスィーは、その代表である。また、後にマレーシアの首相になるラザクとも知り合った。もう一つは、ケンブリッジ大学でマレーシア出身の才媛クワ・ギョクチューと一緒に学んだことである。彼女はリーに遅れて一年後の一九四七年秋にケンブリッジ大学に入学し、弁護士の資格を得た。帰国後、二人は結婚して、後に首相になるリー・シェンロンなど二男一女を持った。

イギリスで独立意識を確たるものにしたリーは、一九五〇年に帰国すると、五四年にイギリス留学の英語教育グループの仲間、それに政治志向が違う華語教育の共産系グループと一緒に人民行動党を創り、書記長に就いた（同党は、反英と独立を唯一の共通軸にした二つのグループの便宜的共闘だった）。リーは一九五四年実施の選挙で当選して議会議員になり、五九年の完全内政自治権のための総選挙で、人民行動党が議会五一議席のうち四三議席（八四パーセント）を獲得して第一党になると、三十五歳で首相（自治州首相）に就任した（共産系グループは人民行動党と袂《たもと》を分かって社会主義戦線を創り、人民行動党政権に果敢に挑戦した）。リーはマレーシア時代（一九六三～六五）はシンガポール州首相となり、一九六五年の分離独立後に首相になった。

リー・クアンユー政権の国家形成１――人民行動党体制の確立

リー政権（一九六五～九〇）の国家形成は、国家と国民が生存するために、いかに経済開発を進めるかという課題に対する解答の形で行われ、そのスローガンが「生存の政治」であった。リーはそのためには、すべての権力を政府に集中して経済開発を推進する必要があるとして、政治、経済、社会のあらゆる分野で政府が上から指導する体制を創り上げた。これがリー型開発主義国家である。

リー政権は経済開発を促進するには、野党を管理し、国民の政治的自由を制限して、安定と秩序を創出することが不可欠であると唱えて、人民行動党の一党支配体制の構築を精力的に進めた。これは選挙結果に反映された。分離独立前の一九六三年総選挙は、議会五一議席のうち人民行動党が三七議席（約七三パーセント）、野党の社会主義戦線が一三議席だったが、分離独立後最初の六八年総選挙では、人民行動党が議会五八議席を独占したからである。議会独占は一九七二年、七六年、八〇年総選挙でも続き、野党がようやく議席を獲得したのは、八一年補欠選挙での一議席だった。

リー・クアンユー（1923-2015）

人民行動党の議会独占は、リー政権が野党の社会主義戦線を支える大衆団体の労働組合、学生団体、シンガポール社会の英語化を進める政府に批判的な国内の華人マスコミ、強権統治を批判する欧米諸国のマスコミ、中国的なものに固執する華人企業家、さらにはNGOなどの市民社会団体を厳しく管理して、政治的発言や行動を排除したことにあった。また、国内で刊行されている華字紙や英字紙などすべての新聞、それにテレビなどのメディアを政府の管理下に置き、華人集団の政治活動の拠点になっていた東南アジアで唯一の華語教育の南洋大学を、英語教育のシンガポール大学に統合した。

この社会と国民管理は、社会主義国のそれとほとんど違わないものだった。この結果、人民行動党以外の政治勢力が消滅し、リー政権の統治は、諸々の社会集団の利害調整ではなく、政府が決定したことをいかに迅速に効率的に実施するかになり、政治ではなく、「行政」がキーワードになった。

リー・クアンユー政権の国家形成2――フル回転の「開発主義国家」

この万全な政治基盤のうえに、リー政権は経済開発を進めた。シンガポールはイギリス植民地時代に東南アジアの中継貿易港として発展したが、リー政権が採用したのは貿易の振興ではなく、造船や石油精製など重化学産業を振興する工業化だった。その理由の一つは、当時シンガポールは失業が大きな問題だったが、貿易関連産業の雇用創出力が小さいことにあった。分離独立した一九六五年に工業化が本格化し、戦略は、分離によって国内市場(マレーシア市場)を失ったことから、シンガポールで生産した工業製品を世界(欧米諸国)に輸出する輸出指向型が採用された。

ただ、輸出指向型工業化にはシンガポール特有とも言える特徴があった。アジアの多くの国では、韓国のように現地企業が担い手になったが、シンガポールは植民地時代に華人企業が貿易などに特化していたことから、日本や欧米諸国などの外国企業が担い手になったこと、すなわち外資依存型工業化がそうである。また、一九七〇年前後は欧米企業がシンガポールに投資する目的が安価な労働力にあったので、実質的に政府が労働者賃金の決定権を持ち、低く抑える仕組みを創り上げた。労働組合のストライキも、実質的に政府がその是非を決める制度が導入された。

この国家主導型戦略のもとで、欧米企業などの進出によって製造業が高い成長を遂げたが、一九八〇年代に東南アジア諸国の経済開発が本格化して、資金需要が増すと、金融業も伸びて地域の金融センターになった。銀行もほとんどが、シンガポールに進出した外資系銀行だった。シンガポールの経済発展を何よりも示すのが、二〇一〇年代になると日本を抜いてアジアにおける一人当たり国民所得が第一位になったことだった。

リー政権の開発優先の国家形成で、是非とも触れておくべきことは、経済開発には政府が優秀な官僚を必要とすると唱え、その育成と確保の仕組みを創り上げたことだった。小学校の段階から能力別コースを設けてエリート教育を行い、学業成績の優秀な高校生に国家奨学金を与えて、欧米諸国などの一流大学で工学などを学ばせ（留学先はアメリカ、イギリス、フランス、ドイツ、カナダ、オーストラリア、日本、中国から本人が自由に選べるが、優秀な留学生は例外なくアメリカかイギリスを選んだ）、帰国後は一定期間官僚として勤務することを義務付けた制度がそうである。そして、三十代のこれらの優秀な官僚の中から人民行動党の議会議員が選ばれ、このうち一部が閣僚になるのが指導者確保のパターンになった。

もう一つ強調されるべきことは、リー・クアンユーは民主主義や共産主義など政治思想やイデオロギーに一切関心を持たず、ある制度や政策がシンガポールの経済発展に役立つかどうかを唯一の判断基準にしたことだった。この点で、リーは徹底したプラグマティスト・タイプの指導者に属する。

リー政権は経済開発のために国民の政治的自由を制限したが、その「代償」として豊かな経済生活を提供したことも事実だった。この点で、リー・クアンユーは子供に対して厳しい態度を取るが、それは子供のためを思ってであるという、家父長タイプの指導者でもあったのである。

ゴー政権の国家形成――「政治の自由化」を掲げて

一九九〇年にリー・クアンユーはゴー・チョクトン（一九四一～）に首相ポストを禅譲した。とはいえ引退したのではなく、退任後、自分のために創設した上級相に就任し、新政権を内部から指導する体制を創ったのであり、「院政」である。ゴーにバトンタッチしたのは、長期的にシンガポール統治の安定性を確保するためだった。

ゴーはシンガポール国立大学卒業後、国家奨学金を得てアメリカのウィリアムズ大学で開発経済学を学んだ。帰国すると中央省庁の経済官僚になり、一九六九年に政府系企業の海運会社に転属され、社長になると赤字の会社を黒字に立て直した。この経営手腕をリーに見込まれて、一九七六年総選挙に人民行動党から出馬して議会議員になった。一九七九年に貿易産業相に就任し、八四年に第一副首相と国防相になり、早くからリーの後継者と目されていた。そして一九九〇年に満を持して首相になったのである。

ゴー政権（一九九〇～二〇〇四）の国家形成の基本は、就任した翌年の一九九一年に発表された『ネクスト・ラップ』に示された。これは、リー政権の二五年を国家形成の第一の循環とすると、ゴー政権が第二の循環の二五年でどのような国家形成を行うのか国民に提示したものである。そこでは、「国民――最も貴重なわが国の資源」「教育――国民への投資」「芸術とスポーツ――シンガポールのもう一つの顔」などが謳われた。ただ、これは名目的な側面が強く、実際にはリー政権と同様、経済開発に重点が置かれた。

ただリー政権との違いは、欧米企業の投資誘致に加えて、一九九〇年代に中国やインドの経済開発が本格化すると、アジア諸国との経済緊密化にも力点が置かれたことだった。中国政府やインド政府などと共同の工業団地開発（中国の蘇州工業団地など）、マレーシアとインドネシアとの地域経済圏の形成（「成長の三角地帯」）などがそうである。これはリー政権が国内で進めた国家主導型インフラ開発の「輸出」でもあった。

興味深いのは、ゴー政権の国家形成は、政治分野ではリー政権と明確な違いがあることだ。議会で野党の一定議席を容認する「自由主義統治スタイル」がそうである。この背景には、ゴーの政治家としての信念に加えて、首相に就任した一九九〇年頃に、フィリピンをはじめとして社会主義国の中国や軍政のミャンマーなど、アジア各地で民主化運動が高まったことがあった。時代の潮流にマッチしたゴーの自由主義統治スタイルは国民に歓迎され、総選挙結果に反映された。一九九一年にゴー政権最初の総選挙が実施されると、結果は、人民行動党が議会八一議席のうち七七議席（九五パーセント）を獲得したものの、野党がそれまでの一議席から四議席に増え、人民行動党の得票率も前回の約六二パーセントから六一パーセントに落ち込んだ。これは人民行動党にとり分離独立後で最低の数字だった。

選挙結果は、民主主義国ではほとんど問題ないものである。しかし、シンガポールが民主主義国であることを示すために選挙は行うが、議会に野党は不要と考えるリー・クアンユーにとっては、極めて由々しいものに映った。リーが人民行動党の減退は、ゴーの自由主義統治スタイルに原因があると批判すると、ゴーは批判を受け入れ、統治姿勢を野党や国民に厳しい姿勢で臨むものに変えた。首相といえども、リーに異を唱えることはできなかったのである。この結果、野党の議会議席は一九九七年、二〇〇一年、〇六年総選挙でそれぞれ二議席に減少した。これもあり、ゴー政権でシンガポールの「政治の自由化」が進むことはなかった。

リー・シェンロンのバックグラウンド

ゴーは二〇〇四年にリー・シェンロン（一九五二～）に首相ポストを譲った。父はリー・クアンユーなので、これは指導者一族の誕生だった。リー・シェンロンは、父の方針で初等教育を華語教育の学校で学んだが、高校は英語教育の学校で学び、家では家庭教師からマレー語を学んだ。英語、華語、マレー語の三つに堪能で、父と同じであるのは、父が息子に指導者教育を施したからである。

高校卒業後、最も優れた生徒若干名に与えられる大統領特別奨学金を得て、イギリスのケンブリッジ大学で数学を学んだ。帰国後、シンガポール国軍に勤務し（シンガポールでは、軍も、中央省庁などと同じ官僚組織の一つとして扱われている）、一九七九年にアメリカのハーバード大学で行政学を学び、その後、国軍のナンバー3の准将に上り詰めた。

リー・シェンロンは三十二歳のときに政治家に転じ、一九八四年総選挙に当選して議会議員になると、直ちに国防担当国務相に任命され、八七年に通産相に就いた。一九九〇年にゴー政権が誕生すると副首相、その後、財務相や中央銀行に相当する金融管理庁長官に就き、人民行動党でもゴー書記長に次ぐナンバー2の第一書記次長に就いて、ゴー政権の誕生時から後継者になった。またリー・シェンロン政権の主要閣僚の四人が、ほぼ同じ時期に国家奨学金（と大統領奨学金）を得た海外留学組で、三人がケンブリッジ大学で学んだ仲間だった。そして、リー・クアンユーが新設の顧問相、ゴーが上級相に就任したが、これはゴー政権と同じ構図である。

ただ、リー・シェンロンが首相に就任すると、野党や一部国民の間で「リー王朝」批判が起こった。その論拠は、リー・クアンユーの長男が首相、父が顧問相と政権の主要ポストを占め、リー・シェンロン夫人が巨大な政府系企業の持株会社テマセク・ホールディング社の経営責任者に就任したこと、そして、新首相の弟で、大統領奨学金を得てケンブリッジ大学で工学を学んだリー・シェンヤンが、巨大政府系通信企業のシングテル社社長に就いたことにあった。このようにリー一族四人が政治と経済の主要ポストを占めたが、政府は、シンガポールは優秀な人材が国家運営を担うのが原則であり、彼らがこれらのポストに就いたのはリー一族だからではなく、本人の能力の故であると反論した。国民はこれを黙って受け入れるしかなかった。

リー・シェンロン政権の国家形成――リー・クアンユー路線の継承と「微修正」

リー・シェンロン政権（二〇〇四～二四）のときには、シンガポール国内外の状況が、中国からの移民世代が社会の大半を占めていた父のリー・クアンユー政権とは大きく変化していた。マレーシアなど地域諸国との関係が何とか安定したこと、経済発展によりシンガポール社会が豊かになったこと、何よりも独立から五〇年程経ち、世代交代が進んで若い国民が社会の中心になったこと、がそうである。この変化を受けてリー・シェンロン政権の国家形成の課題は、父リーの権威主義統治スタイルに対する若い国民の反発への応対、シンガポールでも高まったイスラーム過激派活動の取り締まり、発展著しいアジア諸国への投資、少子・高齢化対策、これとセットになった外国人労働者問題への対応などにあった。

このうち外国人労働者問題は次のようなものだった。都市国家シンガポールは人口が限られているため、多くの労働集約型企業が進出すると、労働力不足に直面するのは不可避である。一九七〇年代にも外国人労働者に依存していたが、リー・クアンユー政権では全労働者の一〇パーセントを超えることはなかった。しかし、ゴー政権になると比率が上昇し始め、リー・シェンロン政権になると、約三〇パーセントにも達した。

リー・シェンロン政権の外国人労働者問題への対応には二つの特徴があった。一つは、シンガポールが華人、マレー人、インド人からなる多民族社会であることから、この民族構成を壊さない民族、すなわちアフリカの黒人などは対象外とされて、フィリピンやインドネシアなどアジア人が対象とされたことである。もう一つは、国民と同様、外国人労働者を能力によって区別したことである。具体的には、シンガポールの経済発展に必要な知識や技能を持った専門労働者は、労働期間が無期限、かつシンガポール国籍の取得を奨励し、他方、低賃金の未熟練労働者は、労働期間を二年に限定し、シンガポール国民と結婚する場合は労働省の許可を必要とするなどの差別化を行ったのである。

リー・シェンロン政権で最も注目されたのは、退任後も政権の要職に就いてシンガポールに君臨するリー・クアンユーの、権威主義統治スタイルに対する若い国民の不満と批判が噴出したことだった。二〇一一年五月に実施された総選挙で、人民行動党は議会八七議席のうち八一議席(九三パーセント)を獲得したが、野党の労働者党が六議席を獲得して、分離独立後で最高になった。得票率も人民行動党は約六〇パーセントと過去最低で、実質的に「敗北」と言えるものだった。その最大の要因は、若い世代の国民が、リー・クアンユーの権威主義統治スタイルに反発したことにあった。選挙から一週間後にリー・クアンユーが顧問相を、ゴーが上級相を辞任して、二人とも政治から完全に手を引き、リー・クアンユーは二〇一五年に死去した。リー・クアンユーの時代が終わったのである。

小括

シンガポールは、一九六五年の分離独立後の約六〇年で、これまで四人が首相を務めただけである。建国の父リー・クアンユーが第一世代、リーの後継者のゴー・チョクトンが第二世代、リー・

シェンロンが第三世代、そして、二〇二四年にリー・シェンロンの後継首相になった官僚出身のローレンス・ウォンが第四世代と呼ばれる。これら四世代からなる指導者群の特徴は、第一世代のリー・クアンユーが創り上げた選抜方式と国家運営の原理のもとで、第二世代以下の指導者が行動していることにある。彼らは全員が官僚出身で、指導者の任務と役割は、企業を運営するように効率的、合理的に国家（政府）を運営することにあるとされている。

また、首相が後継者を育成して、早めにバトンタッチすることも特徴の一つに挙げられる。その理由は、リー・クアンユーが優れた指導者のもとでのみ、そして指導者の継承がスムースに行われた場合にのみ、シンガポールの経済発展が可能になると考えたことにある。七十二歳のリー・シェンロンは、二〇二四年に五十一歳のローレンス・ウォンに首相を譲った（二〇二四〜）。

興味深いのは、最初の三人の指導者の統治スタイルが対照的なことである。リー・クアンユーは、民主主義を欧米社会の「飾り物」とみなし、彼の政治辞書には「政治的自由」の語彙はなかった。政治的自由を基準に三人の統治スタイルをみると、リー・クアンユーが権威主義統治、ゴーが自由主義統治、リー・シェンロンが父と同じ権威主義統治になる。ただ、リー・シェンロンは二〇一一年総選挙における若い国民の投票行動をみて、現代では国民に一定の政治的自由を認めざるを得ないことを認識し、部分的に政治的自由を容認する統治姿勢に転じた。これもあり、最新の二〇二〇年総選挙では、人民行動党が八三議席（八九パーセント）、野党の労働者党が一〇議席で、野党議席は過去最高になった。

国家形成の観点からすると、初代指導者のリー・クアンユーが創り上げた統治制度と経済開発の仕組みは、今後も基本的に維持されると思われる。シンガポールの与件が変わらない限り――例えば、マレーシアとの再統合など――、後継指導者が、これがシンガポールの国家形成における「最適解」と受け止めているからである。

第8章　マレーシア——ラザク「ブミプトラ政策」

マレーシアは、インドネシアのスマトラ島に住んでいたマレー人の一部が、十五世紀はじめにマレー半島のマラッカに移住して、イスラーム国家を創ったことで始まったものである。近代にイギリス植民地になりスズやゴムの開発が行われると、中国人やインド人が商売や労働を目的に移民し、多民族社会になった。このうち、人口の約六二パーセントを占めるマレー人などがマレー語とイスラーム、華人（約二三パーセント）が中国語と仏教、インド人（約七パーセント）がタミル語とヒンドゥー教、とそれぞれ言語と宗教が違う。これを一因に独立にさいして、そして独立後の国家形成過程で民族暴動が起こるなど、深刻な問題に直面した。

一九五七年にマレーシア連邦として独立し、九つの州の九人のスルタン（ムスリムの支配者）が順番に国王に就く（任期五年）立憲君主制になった。相互交流がなく、分節する多民族社会で、独立国家が可能になったのは、独立指導者のラーマンが民族融和政策を唱えて、三つの民族政党による連合政権が創られたことにあった。しかし、一九六〇年代末にマレー人と華人の民族暴動が起こり、民族融和政策が破綻すると、土着マレー人を優遇するブミプトラ政策に転換した。そして二〇一〇年代末には、三つの民族政党の連合政権が崩壊して政権交代が起こった。マレーシアのキーワードは「民族」にある。

本章はマレーシアの国家形成がどのようなものか、民族融和政策を唱えたラーマン、ブミプトラ政策を打ち出したラザク、ブミプトラ政策の土台のうえに近代化を進めたマハティールの三人の指導者を中心にみていく。なお、マレーシアの呼称は、一九六三年にマラヤ（マレー半島部）、シンガポール、ボルネオ島北部のサバ、サラワクの四つの地域が合併したときにできたもので、それ以前はマラヤと呼ばれていたが、本章はマレーシアの呼称で統一する。

ラーマンのバックグラウンド

マレーシア独立運動の指導者が、マレー人のアブドゥル・ラーマン（一九〇三〜九〇）である。ラーマンは、マレー半島北部のイスラーム国家の一つケダ州のアロースターで生まれた。父はスルタンで二〇番目の子供、母はミャンマー出身で、バンコク周辺の知事の娘だった（父には八人の正妻と四五人の子供がいた）。ラーマンは一九〇九年にマレー語教育の小学校に入学し、その後、英語教育の学校に移り、バンコクの学校でタイ語を学んだ後、ペナンの学校で英語を学んだ。ラーマンはマレー語、タイ語、英語に堪能で、これはマレーシア北部州の王族にとり「教養」でも、必須言語でもあったのである。

ラーマンは一九二〇年に奨学金を得て、ケンブリッジ大学に留学するためにイギリスに渡り、二二年に入学して、法律や歴史を学んだ。しかし大学ではフットボールやテニスやダンスやドライブなどを楽しみ、一九二五年に歴史学の学士号は取得したが、弁護士の資格取得に必要な試験に失敗した。その後、一時マレーシアに戻り、再びイギリスで法律の勉強に励んだが、一九三〇年にまた弁護士試験に失敗した。

翌一九三一年に失意のうちに帰国し、イギリス植民地政府のケダ文官試験に合格して、副郡長などを務めた。そして官僚の公務をこなすかたわら、一九三八年に民族主義団体のマレー人青年組織を結成して、ケダ州支部長に就いた。同年に後の独立運動を担うマレー人連盟も創られ、マレーシア（マレー人）の独立運動が本格化した。

第二次世界大戦後、ラーマンは弁護士資格を取るために一九四七年にイギリスに渡り、翌四八年にロンドンのインナー・テンプルでようやく資格を取得して（この時四十五歳だった）、四九年に戻った。ラーマンにとり二度目の留学が意義あるものだったのは、念願の弁護士資格を取得したことに加えて、イギリスでマレーシアからの留学生仲間と、独立を志向する「イギリス・マレー人協会」を創り、会長にラーマン、副会長にラザクが就任したことだった。ラザクはラーマン政権が誕生すると副首相に就いた盟友である。

イギリス植民地時代の一九四八年に、華人からなるマラヤ共産党が、華人を中心にした共産主義国を創ることを目指して武装蜂起すると、イギリスに鎮圧されたが、それ以上にマレー人が華人の蜂起に強く反発した。マレーシアの独立が日程にのぼると、マレー人、華人、インド人がそれぞれの民族利益を護るために政党を創り、ラーマンはマレー人政党の統一マレー人国民組織のケダ支部長に就いた。しかし、同組織創始者のダト・オンが非マレー人も参加させる方針を打ち出すと、多くの党員がこれに反対し、ダト・オンが離党し、ラーマンが後継総裁に就任した。これはラーマンがマレーシア独立運動の指導者になったことを意味し、独立の戦略はイギリスとの話し合いに置かれて、マレーシアは一九五七年に独立を果たした。

ラーマン政権の国家形成――「民族融和政策」

独立指導者ラーマンの最大の課題は、三つの民族で分節する社会でどのような政権体制を構築するかにあり、その解答が、三つの民族政党が協調する連合政権だった。この戦略の有効性を実証したのが、独立前の一九五二年に実施された、植民地国家首都のクアラルンプール市議会選挙で、統一マレー人国民組織と華人政党のマレーシア華人協会が選挙協力した結果、一二議席のうち九議席を獲得した。

これが独立マレーシアの政権体制モデルになり、独立二年前の一九五五年に独立政権を決める選挙が行われると、ラーマンが主導して、マレー人政党、華人政党、インド人政党が連盟党を結成して臨んだ。結果は、連盟党が議会五二議席のうち五一議席（九八パーセント、このうちマレー人政党が三四議席、華人政党が一五議席、インド人政党が二議席）を獲得する完勝だった。独立するとラーマンが首相兼外相に、ラザクが副首相兼国防相に就き、独立後の最初の一九五九年総選挙でも連盟党は圧勝した。

ラーマン政権（一九五七～七〇）の国家形成の基本は、次のことに置かれた。イスラームを国教にする、一〇年後にマレー語を公用語にする、市民権におけるマレー人の優位と特殊な地位を認める、などである。これは一見すると、マレー人優位を謳っているようにみえるが、実際には、三つの民族を平等に扱う民族融和政策だったのである。これを語るのが、ラーマン政権が三つの民族政党の連合政権だったこと、経済開発が始まると華人企業が産業開発を主導したことだった。

しかし、ラーマン政権の民族融和政策は一九六九年総選挙で破綻を余儀なくされた。これには伏線があった。一九六三年にシンガポールがマレーシアに加わると、加盟直後からマレー人が主導する中央政府と、華人が主導するシンガポール州政府の間で軋轢が発生した。当初は経済的、政治的な政策の違いが原因だったが、最後にマレー人と華人の民族対立に転化した。ラーマンはマレーシアの安定を維持するために、一九六五年にシンガポールを追放する決断を下したが、四年後の六九年総選挙ではこの問題が尾を引いていたのである。

選挙結果は、連盟党が前回の八九議席（議会定員の八五パーセント）から六七議席（六四パーセント）へと大きく減らし（統一マレー人国民組織が五九議席から五一議席、マレーシア華人協会が二七議席から一四議席に半減した）、民族融和政策を批判して華人の民族利益を護ることを訴えた華人野党の民主行動党が、一議席から一三議席に躍進するものだった。総選挙後の一九六九年五月十三日に、選挙結果に失望したマレー人と歓喜する華人との間で民族暴動が発生して二〇〇人近い死者が出る惨事になった。民族暴動の背景には、マレー人の民族価値を国家原理にすることを望むマレー人と、民族平等を主張する華人との国家像の違いがあったのである。

ラザクのバックグラウンド

民族暴動後の一九六九年五月に非常事態宣言が出され、憲法と議会が停止されて、ラザク副首相を責任者に国家運営評議会が創られた。同評議会のもとで、これからみる新体制と新政策が打ち出されると、二年後に非常事態宣言は解除された。民族暴動によって民族融和政策が破綻したため、ラーマンは一九七〇年に責任を取る形で辞任し、副首相のラザクが首相に就任した。

新首相のアブドゥル・ラザク（一九二二〜七六）は、パハン州で貴族の子に生まれた。マラヤ大学クアラ・カンサル校を卒業し、一九三九年にイギリスが創ったマラヤ行政官試験に合格して官僚になった。翌一九四〇年にシンガポールのラッフルズ学院で学ぶ奨学金を得たが、四二年に日本がシンガポールを占領したために実現しなかった。

アブドゥル・ラザク（1922-76）

第二次世界大戦が終わると奨学金を得て、一九四七〜五〇年にイギリスのケンブリッジ大学で学び、弁護士の資格を取得した。すでにみたように留学中にラーマンと知り合い、一九四八年にマレーシアの独立を目指す学生団体の「イギリス・マレー人協会」の結成に参加した。

ラザクは帰国後、統一マレー人国民組織の青年部長や副党首を務め、一九五七年にラーマン政権が誕生すると、副首相兼国家農村開発相に就任して、マレー人農民の生活改善に努めた。これは一見すると、三つの民族の融和を説いたラーマンと、マレー人の生活向上に努めたラザクは対立関係にあったようにみえるが、実際には、二人は「相互補完関係」にあったのである。この間、一九五二年に結婚して五人の子を持ち、長男のナジブは後に首相になった。ラーマンの右腕として働いたラザクは有能な官僚タイプの指導者に属したが、ラーマンと同様、王族出身のエリート政治家でもあった。

ラザク政権の国家形成――「ブミプトラ政策」

ラザク政権（一九七〇～七六）は、ラーマン政権とは全く異なる国家形成を打ち出した。内容は主に三つからなり、一つめは、連盟党体制の拡大強化である。ラザクは前回選挙で落ち込んだ与党体制の強化を図り、いくつかの野党を加えて国民戦線とし、連盟党体制から国民戦線体制に組み替えた。このねらいは見事に成功し、暴動後の最初の一九七四年総選挙で、国民戦線が議会一一四議席のうち一〇四議席（九一パーセント）を獲得して圧勝し、ラザク政権は万全となった。

二つめは、首相就任前の一九七〇年に、国家原理とも言える「ルクヌガラ」を定めたことである。「神への信仰」（イスラームは国教だが、他の宗教の自由も認められた）、「国王と国家への忠誠心」「憲法の遵守」「法の支配」「善良なる行動と道徳心」の五つがそうである。これは、これからみるブミプトラ政策を進めるための国家原則の再確認でもあった。

三つめが、最も重要で、民族融和政策に代えて、土着民族のマレー人を優遇する「ブミプトラ政策」である。ブミプトラはマレー語で「土地の子」、すなわちマレー人を意味し、その目的として、民族間の経済的不平等の除去、雇用機会の創出、全般的な経済成長の促進を挙げた。しかし真の目的は、これによってマレー人の経済的・社会的地位を改善することにあった。

国民のうち特定の民族を優遇するブミプトラ政策が打ち出された背景には、華人の経済力に対するマレー人の強い不満があった。一九七〇年のマレーシアの民族別月額世帯所得は、マレー人の一九二リンギットに対し、華人は三九二リンギット（国民平均は二六四リンギット）で、マレー人の所得は華人の半分以下だった。民族格差の一因は、イギリス植民地時代にマレー人が自給自足の稲作農業などを営み、華人が商人、それにスズ鉱山やゴム農園の賃金労働者として働いたことにあったのである。

マレー人の経済的地位を向上するために打ち出されたのが、「新経済政策」（一九七一〜九〇）である。そのねらいは、これによってマレー人を農業部門から製造業部門に誘導することにあり、そのための方策が、マレー人の株式所有比率を一九七一年の二・一パーセントから九〇年までに三〇パーセントに高める、華人だけの株式会社設立を認めず、最低限株式の三〇パーセントをマレー人に割り当てなければならない、などだった。大企業もマレー人を一定の比率で雇用することが義務付けられ、行政における雇用や大学入学でも特別枠が設けられた。そのさい、大学入学は人口比率に応じて六〇パーセントほどをマレー人枠とし、しかもマレー人は授業料が無料とされたのである。

ブミプトラ政策とセットで、ラザク政権は一九七一年に「国民の調和に向けて」という表題の白書を発表した。憲法を改正してマレー人の特権、国語（マレー語）、スルタンの地位についての一切の議論を禁止する、などがそうである。これによって華人やインド人国民がブミプトラ政策の妥当性について、議会など公の場で問題提起や不満などを表明することを禁じたのである。これがアジアや世界でも稀なブミプトラ政策の概要である。反対者のなかには、南アフリカのアパルトヘイト（現在は廃止されている）と同じだと批判する者もいたが、ほとんどの国民は、政府の強固な姿勢の前に「沈黙」を余儀なくされた。

マレーシアの国家原理のブミプトラ体制、それに二〇一〇年代末まで続いた政権体制の国民戦線は、ラザク政権が「制度化」したものだったのである。ブミプトラ政策に対する華人の不満が強いことから、その後、部分的修正が行われたが、基本的枠組みは現在も維持されている。ラザクは一九七六年に病に倒れ、ロンドンで治療中に五十三歳で病死した。

マハティールのバックグラウンド

後継首相にラザク政権のフセイン・オン副首相が就任し（在任一九七六～八一）、ブミプトラ政策を忠実に継承したが、フセインも心臓手術のためにイギリスに渡り、一九八一年に辞任した。

フセインの後継者がマハティール・ビン・モハマッド（一九二五～）である。マハティールは、ラーマンと同じケダ州アロースターで、英語教育学校の校長を父に生まれた。父はインドのケララ州移民のムスリム、母はマレー人で、九人兄弟の末っ子（五男）だった。マハティールはマレー語教育の小学校に入学し、後に英語教育の小学校に移ったが、スポーツに関心がなく、本ばかり読んでいたという。一九四二年に日本がケダ州に進攻すると、日本語学校に通った。

第二次世界大戦が終わると、マハティールはシンガポールで法律を学ぶことを考えたが、マレー人医師が不足しているとして医学を勧められると、一九四七年にシンガポールのエドワード七世医科大学に入学し、五三年に卒業して医師資格を得た。この間、在学中にマレーシア出身の同級生と知り合い、卒業後の一九五六年に結婚した。

マハティールの政治家としての経歴はドラマティックと言えるものだった。一九六四年総選挙に統一マレー人国民組織から出馬して当選したが、次の六九年総選挙では落選した。その一因は、マハティールが華人選挙民からマレー人の利益擁護を唱える「ウルトラ」と批判されたことにあった。マハティールを一躍有名にしたのが、落選中にマレー人優遇を唱えた『マレー・ジレンマ』を書いたことである。これはブミプトラ政策を先取りしたもので、同時にラーマン政権の民族融和政策を痛烈に批判した書でもあった。マハティールが落選した一九六九年総選挙後に民族暴動が起こると、マハティールはラーマン首相の退陣を迫ったため、党から除名された。

除名後は故郷のアロースターで医院を開業したが、ブミプトラ政策を打ち出したラザク政権になると、一九七二年に復党を認められ、七四年総選挙で当選して教育相に抜擢された。その後、一九七六年に誕生したフセイン政権で副首相に就任し、八一年にフセイン首相が健康を理由に退任すると、首相に就任したものである。

マハティール政権の国家形成——開発主義国家による近代化と独裁

マハティール政権（一九八一〜二〇〇三）の国家形成は、ブミプトラ政策のさらなる推進とマレーシアの近代化に置かれたが、二つは密接に関連していた。近代化は、政治行政分野では、立憲君主制であるにもかかわらず、国王（スルタン）が持っていた憲法改正の拒否権など国王権限の縮小、それに、一九六三年のマレーシア結成後もボルネオ島のサバ州とサラワク州政府の権限が強かったので、中央集権化を進めたことなどである。

経済分野では、経済開発のモデルを欧米諸国ではなく、日本や韓国など東アジアの国として、それに見習う「ルック・イースト政策」を打ち出した。この背景には、マハティールがイギリスの植民地支配と、独立後もイギリスが経済的・文化的影響を持ち続けたことに対して反発していたことがあった。マハティールは、個人の政治的自由や権利を基礎にする欧米社会はマレーシア社会とは違うが、日本や韓国は社会の調和を優先するので、マレーシアに適合すると考えたのである。

ブミプトラ政策の推進は、公共事業への大幅投資、国営企業の新設、マレー人を支援する政府機関の創設、日本企業との合弁会社による国民車「プロトン・サガ」の生産、重化学工業化やＩＴ産業の振興など、多面的な分野で行われた。これはマハティール型開発主義国家によって近代化を目指したものだった。この結果、マレーシアはイギリス植民地時代のゴムやスズの一次産品の農業国から工業国に転換した。

マハティール政権の経済発展と近代化を軸にした国家形成の集大成とも言えるのが、一九九一年に発表された長期ビジョンの「ワワサン二〇二〇」である。これは、三〇年後の二〇二〇年にマレーシア経済を先進国レベルにするという野心的ビジョンで、マレーシア人意識の創出、科学的で進歩的な社会、強力な家族制度を軸にする思いやりのある社会と文化の創出などが謳われた。このビジョンの要点は、マレーシア経済が先進国並みになったときは、国民全員が豊かになるので、マレー人と華人の経済格差問題が自ずと解消し、異なる民族の間にマレーシア人意識が生まれて、安定した社会になるとしたことにあった。

ただ、これら一連の政策は、政権反対派に対する厳しい弾圧や政治管理のもとで行われたものだった。これがマハティールのもう一つの顔である。しかも弾圧は、野党やマスコミや市民社会運動に対して行われただけでなく、与党内の反対派にも向けられた。一例を挙げると、政策的に対立したアンワール副首相（現在の首相）を解任し、有罪にして投獄したことだった。与党内反対派に対する容赦のない弾圧の結果、一九八七年の統一マレー人国民組織の総裁選挙でマハティールは僅差で再選されたものの、翌八八年に党は、マハティール率いる「新統一マレー人国民組織」と、元財務相のラザレイ率いる「四六年精神党」に分裂した（その後、分裂は解消した）。

経済開発を強権的に進めたマハティールは、合理主義者、近代化主義者であると同時に独裁者でもあり、二〇〇三年に退任した。

ナジブ政権の国家形成——「ワン・マレーシア」と腐敗

マハティールの退任後、アブドゥラ・バダウィ副首相が首相に就任したが、二〇〇八年に辞任して、ナジブ・ラザク（一九五三〜）が新首相に就任した。ナジブはラザクの息子で、指導者一族の誕生である。ナジブはイギリスのノッティンガム大学で経済学を学び、一九七四年に帰国すると中央銀行や国営石油会社に勤めた。父が一九七六年に急死すると地盤を継いで二十三歳で議会議員に当選した。一九七八年にフセイン政権の副大臣に就任し、パハン州首相、防衛相や教育相を務めた後、二〇〇四年に副首相、〇九年に首相になった。この経歴が語るように、ナジブはエリート政治家に属する。

ナジブ政権（二〇〇九〜一八。父親の政権と区別するため、ナジブ政権と表記する）の国家形成は次のようなものだった。首相に就任する前年の二〇〇八年総選挙で、与党の国民戦線が大幅に議席を減らして政権交代の危機に直面した。そのためナジブ政権は発足すると、三つの民族の調和を進めて国民の一体感を醸成することを目的に、「ワン・マレーシア」を国家形成のスローガンに掲げた。このスローガンのもとに経済・行政改革を進め、二〇一〇年に発表した「新経済モデル」（二〇一〇〜二〇）はその一つだった。これは一人当たり国民所得を二〇一〇年の七六〇〇ドルから二〇年に一万五〇〇〇ドルに引き上げるというもので、マハティール政権の「ワワサン二〇二〇」と類似する野心的な構想である（実際には、二〇二〇年の一人あたり国民所得は一万〇五七〇ドルだった）。

社会分野では、低所得層や中間層を対象に住宅供給などを行い、政治分野では、野党や一部国民の間で批判が強い、裁判なしで被疑者を二年拘束できる「国内治安法」の廃止など、市民的自由を大幅に認める改革を行った。ナジブ政権は国民の経済社会水準の向上と政治の自由化を進めたのである。

しかし、ナジブ政権にはもう一つの顔があった。指導者の腐敗がそうである。それが明らかになったのは、二〇一五年にアメリカの経済紙が、ナジブ首相の個人口座に、電力、土地開発、観光分野などに投資する国営投資会社のワン・マレーシア投資公社から約七億ドルが振り込まれたと報道したことだった。同公社は、「ワン・マレーシア」構想を推進するためにナジブが肝いりで設立した政府機関で、ナジブ夫人や義理の息子らも、振り込まれたお金を私的に使ったことが明らかになった。

ナジブ一族の腐敗に対して、野党や国民やマスコミが怒りの声を上げて辞任を要求したが、ナジブは弁明と開き直りに終始して、何とか首相の座にとどまった。しかしこの間、ナジブ政権が機能不全に陥ったことを否めず、二〇一八年総選挙で敗北して終わったのである。

政党構造の変容と政権交代

注目されるのは、二〇一〇年代になると、マレーシアの政党構造が変容を遂げたことだった。独立以来、統一マレー人国民組織を軸に連盟党政権と国民戦線政権が続いたが、それまで国民戦線政権に批判的だった野党の汎マレーシア・イスラーム党が与党入りし、他方、野党は民族政党を超えた政党連合の「希望連盟」を創った。この希望連盟に、国民戦線を批判して離反したマハティール元首相とアンワール元副首相が、それぞれ自分の政党を創って加わった。また二〇一〇年代になると、統一マレー人国民組織が分裂するなど、独立時から続いてきた政党構造が分解して、与野党ともに新しい構造になったのである。その要因は国家形成や政策をめぐる違いではなく、首相ポストをめぐる権力ゲームにあった。

このような状況のなかで行われた二〇一八年総選挙で、野党の希望連盟が議会の一一二議席を獲得したのに対し、ナジブ率いる与党の国民戦線は七九議席にとどまり、独立後初の政権交代が起こった。マハティールが再度首相に就任し（在任二〇一八〜二〇）、ナジブは背任容疑で逮捕され、有罪となり収監された。

しかし、二度目のマハティール政権は政策や政治志向が全く違う諸政党の寄せ集めであったため、直ちに内紛が起こり、マハティールは二年ほどで首相の辞任を余儀なくされた。その後も、与野党が入り乱れた短期政権が続いて政治混乱に陥った。

そして、二〇二二年選挙でも希望連盟が勝利して、アンワール・イブラヒム（一九四七～）が首相に就任した。アンワールは学生時代に、イスラームの近代化運動を指導した経歴を持つ。ただ、アンワール政権（二〇二二～）は、希望連盟と国民戦線の一部政党の連立政権であること、二〇二二年総選挙で議会第一党になったのが、イスラーム国家の樹立を掲げた汎マレーシア・イスラーム党（四四議席）であることなど（統一マレー人国民組織は二六議席）、マレーシア政治は混沌として、その先行きは不透明である。

小括

マレーシアの指導者のうち、独立の父と呼ばれて民族融和政策を軸に国家形成を行ったのがラーマン、ブミプトラ政策を国家形成の軸に据えて、その制度化を進めたのがラザク、ブミプトラ体制のうえに開発主義国家による近代化を進めたのがマハティール、腐敗を一因に、独立から続いていた国民戦線政権に終止符を打ち、政権交代を招いたのがナジブである。この四人の指導者の国家形成と役割は、それぞれに違い対照的である。

アジア諸国のなかでマレーシアは二つの顕著な特徴を持っている。一つは政治分野のもので、独立から一貫して、マレー人政党が主導して三つの民族政党が協調する連盟党と国民戦線が続いてきたことである。二〇二〇年代に政権交代を達成した希望連盟も、三つの民族政党の連合政権であった。このことは、マレーシアでは、三つの民族政党を取り込んだ政権でない限り安定しないこと、逆に言えば、マレー人政党だけの政権は成立が難しいことを語っている。

もう一つは、それにもかかわらず、経済分野では、一九七〇年代初めにマレー人優遇のブミプトラ政策が導入されて、その後、部分的修正が行われたとはいえ、いまも続いていることである。ブミプトラ政策は、敢えて言えば、マレーシアが続く限り「半永久的」に維持されることが予想される。その理由は、これが、マレーシアがマレー人の国であることを、何よりも象徴するからである。とはいえ、マレー人指導者がブミプトラ政策に「安住」しているわけではない。マハティールとナジブが、マレーシアの国民所得を先進国並みにする政策を打ち出したのは、それによって民族の経済格差を解消して、民族融和を達成することもねらいだったからである。もしこれが実現したならば、ブミプトラ政策はもはや不要になるが、しかしその達成が容易ではないことも事実である。

この二つの特徴は相反しているが、マレーシアは、多民族社会では政治分野と経済社会分野の使い分けが必要なことを語っている、と言えようか。

第9章　ベトナム――ホー・チ・ミンとベトナム共産党「ドイモイ政策」

国土が南北に細長いベトナムは、歴史的、政治的、文化的に北部が隣接する中国の強い影響下に置かれて、儒教を受け入れた。そして、十九世紀後半に隣国のカンボジア、ラオスとともにフランス植民地（フランス領インドシナ）になると、フランス文化の影響を受けたが、第二次世界大戦が始まると日本の占領下に置かれた。最大民族のキン人（約八六パーセント）の他に、中国やラオスなどとの山岳国境地帯に数多くの少数民族がいる。

一九四五年の日本の敗戦後、ベトナム北部を支配地域に独立指導者のホー・チ・ミンが独立を宣言したが、フランスが認めなかったために独立戦争が始まり、その過程で北ベトナムと南ベトナムの分断国家になった。一九五四年にフランスとの戦争は勝利して終わったが、冷戦のなかでベトナムの共産主義化を阻止することを目的にアメリカが軍事介入して、六五年に激烈なベトナム戦争が始まった。

一九七五年にベトナム戦争が終わり、翌七六年には分断国家が統一されて、ようやく真の独立を達成した。しかしその後も、隣国のカンボジアや中国との戦争が勃発するなど、ベトナムの地から戦争が消えることはなく、国土と経済と社会は荒廃したままだった。一九八六年に国家と社会を立て直すために「ドイモイ政策」が打ち出されて、ようやく本格的な国家形成と経済開発が始まったのである。現在はドイモイ政策のもとで、資本主義型経済開発を突き進んでいる。苦難の道を辿ったベトナムの独立と国家形成を主導したのが、ホー・チ・ミンと後継指導者であり、その組織がベトナム共産党である。

本章は、ホー・チ・ミンとベトナム共産党の指導者が、どのような国家形成を試みたのか、二つの戦争とドイモイ政策に焦点を合わせてみる。なおベトナム共産党になるのは、一九七六年にベトナム労働党から改称して以降のことだが、本章はベトナム共産党で統一する。

ホー・チ・ミンのバックグラウンド

ホー・チ・ミン（一八九〇〜一九六九）は、ベトナム中部のゲアン省で儒学者を父に生まれ、姉と兄に次ぐ三人目の子だった。本名はグエン・シン・クンで、外国での革命運動のさいにさまざまな変名を名乗り、ホー・チ・ミンは一九四二年に中国で活動したときの変名で、ベトナム独立後に定着したものである。父が、フランスが保護国にした王朝国家のグエン国の官僚試験の科挙に合格して、任官のために王都フエに出ると、ホー・チ・ミンも同行した。しかし父は官職を得ることができず、フエ近郊の村で漢学塾を開いた。一九〇一年に母が亡くなり、父が科挙の上級試験に合格すると、ホー・チ・ミンは生まれ故郷の村に戻り、漢学を勉強した。

儒学で育ったホー・チ・ミンに、一九〇五年に転機が訪れた。若者の間で日露戦争（一九〇四〜

ホー・チ・ミン（1890-1969）

〇五）に勝利した日本に留学して、フランス植民地から解放する「東遊運動」が始まると、参加の誘いが届いたからである。しかし父は、息子がフランス植民地政府の学校で学ぶことを選んだ。父が中部のビンディン省の県知事に任命されると、ホー・チ・ミンも同行してフランス語の勉強をした。そして、本当の転機が一九一〇年に訪れた。

父が一九一〇年に、農民に暴行して死亡させる事件を起こして県知事を罷免されると、ホー・チ・ミンは植民地政府役人になることを考えて、官僚養成学校に入学するために翌一一年にフランスのパリに渡った。しかし書類の不備で入学できず、貧しかったのでさまざまな仕事についてフランスやイギリスやアメリカなどで流浪生活を強いられた。後に独立指導者になるホー・チ・ミンにとり重要だったのは、この間に世界各地のフランス植民地からの留学生やヨーロッパの社会主義者などと交わり、共産主義に目覚めたことだった。

第一次世界大戦が終わった翌年の一九一九年にパリ講和会議が開催されると、ホー・チ・ミンはベトナム人仲間とともに、ベトナム独立要求書を提出した。要求は拒否されたが、翌一九二〇年にフランス共産党の創立に参加し、二三年にソ連に渡ってアジア人革命家を養成する東方勤労者共産主義大学に入学し、翌年コミンテルン東方局部員に任命された。

海外を流浪していたホー・チ・ミンがベトナム独立運動に関わる契機になったのが、一九二四年に中国の国民政府に派遣されたコミンテルン顧問団の通訳として中国に行き、翌二五年にベトナムに近い広東省の広州で、ベトナム革命同志会を創ったことだった。これを母体に一九三〇年に香港でベトナム共産党を結成した。一九四〇年に日本軍が北ベトナムを占領してフランス植民地政府を追放すると、翌年ホー・チ・ミンは帰国してベトナム独立同盟会（ベトミン）を創設した。ベトナムの地を踏んだのは三〇年ぶりのことだったが、一九四二年に中国に戻ると中華民国政府に逮捕され、翌四三年まで投獄された。

一九四五年八月に日本が敗戦すると、ホー・チ・ミンは北ベトナムの地で武装蜂起し、同年九月にベトナム民主共和国の独立を宣言して政府主席兼外相に就いた。その後、一九五一年に党主席に就任して、党と政府の最高指導者になった。

ホー・チ・ミン政権の国家形成1——二つの独立戦争

独立宣言したとはいえ、ベトナムが真の独立と統一国家を達成するのは、約三〇年後の一九七六年のことだった。この間にフランスとの独立戦争、分断国家の南北ベトナムの対立、アメリカとのベトナム戦争と続いて、苦難の道を強いられたからである。

フランスとの戦争は次のような経緯を辿った。フランスは独立を認めず軍隊を派遣したので、一九四六年十一月に独立戦争（一九四六〜五四）が始まった（第一次インドシナ戦争）。フランスは同じ一九四六年に南ベトナムで植民地を復活し、四九年に旧グエン国の国王を擁立して、反共のベトナム国（南ベトナム）を創った。分断国家の誕生である。

北ベトナムとフランスの戦闘は、兵力と武器に勝るフランス軍優位で進んだなかで、転機になったのが、一九五四年にフランスが、北ベトナム軍を鎮圧するためにラオス国境の山岳地帯に築いた要塞のディエンビエンフーをめぐる激戦に、北ベトナム軍が勝利したことだった。敗れたフランスは、同年に南北ベトナムの分断国家の将来を、二年後に実施する選挙で決めるという内容の「ジュネーブ協定」を結んで撤退した。

しかし、南北ベトナムの選挙の話し合いは進展せず、本格的戦闘こそ起こらなかったものの膠《こう》着《ちゃく》状態が約一〇年続いた。この間にベトナムをめぐる地域情勢は大きく変化した。朝鮮半島の共産主義化を阻止する目的で軍事介入したアメリカが、朝鮮戦争が終わるとベトナムに目を向けたからである。

アメリカは一九六五年に、北ベトナムによる統一を阻止するために軍事介入に踏み切り、北ベトナムを空爆し、南ベトナムを護るために海兵隊を派遣、その数は六八年には約五四万人にも上った。ベトナム戦争（一九六五〜七五）が始まると、巨大な軍事力を持つアメリカ軍に対し、北ベトナム軍と南ベトナム解放民族戦線はゲリラ戦で対抗し、戦場はベトナムだけでなくカンボジアやラオスにも拡大して、「第二次インドシナ戦争」とも呼ばれた。

ベトナム戦争が終わったのは、アメリカが圧倒的な軍事力にもかかわらず勝利の見通しが立たなかったこと、アメリカ国内でベトナムに軍事介入することに国民から反対の声があがったことが主な要因だった。一九七三年にフランスで、アメリカと北ベトナムが「パリ和平協定」を締結し、アメリカ軍は撤退した。この間に、アメリカは「名誉ある撤退」のために、ベトナムを背後で支えた中国との融和政策に転じている。

ホー・チ・ミン政権の国家形成2――未完の社会主義の建設

戦争の連続するなかでホー・チ・ミン政権（一九四五～六九）が行った社会主義の建設のための国家形成の一つが土地改革だった。一九五二年に中国に倣って、北ベトナムを対象に地主の土地を貧農や非土地所有者に売り渡す改革を実施した。ただ、この土地改革が中国の例を機械的に適用したこともあり、本来は地主ではない中農も地主とみなされて大混乱に陥り、ベトナム共産党はその行き過ぎを反省して、党書記長を解任する事態になった。中国と同様、ベトナムの社会主義化も試行錯誤だったのである。

一九六一年にホー・チ・ミン政権は、「すみやかに、力強く、しっかり社会主義に前進しよう」という国家形成のスローガンを掲げた。しかしこの前後の時期に、フランスやアメリカとの激烈な戦争が行われたため、社会主義建設に必要な資源（資金やヒト）を注ぐことは不可能だった。そのため実質的に、ホー・チ・ミン政権のスローガンになったのが、社会主義建設を後回しにして、戦争に勝利するまで窮乏を耐え忍ぶ、「貧しさを分かち合う社会主義」だったのである。ただ戦争が終わった後も、このスローガンで国民を納得させることは難しく、経済開発が国家形成の軸になることは不可避だった。

ホー・チ・ミンはベトナム戦争中の一九六九年に死去し、経済開発は後継指導者の任務となった。

レー・ズアン政権の国家形成――国土開発と社会主義国同士の戦争

ベトナム戦争が終わると、一九七六年に分断国家が統一され、ベトナム社会主義共和国が誕生した。また、旧王朝国家勢力と共産主義勢力の内戦が行われていたカンボジアとラオスも、共産主義勢力が勝利して社会主義国になった。旧フランス植民地のインドシナ三ヵ国は、すべて社会主義国になったのである。

ホー・チ・ミン死後の指導者がレー・ズアン（一九〇七～八六）である。レー・ズアンはベトナム中部のクアンチ省で労働者を父に生まれ、一九三〇年にベトナム共産党が創設されると入党した。一九三九年に党中央委員に、五一年に政治局員に、六〇年にホー・チ・ミン主席に次ぐ地位の第一書記に就いた。一九六九年にホー・チ・ミンが死亡すると最高指導者になり、ベトナム戦争を勝利に導いて、ベトナムが統一された七六年に書記長に就任した。

レー・ズアン政権（一九六九～八六）は、戦争で荒れた国土を再建することを目的に国家形成を進めた。具体的には、分断国家が統一された一九七六年に、「第二次五ヵ年計画」（一九七六～八〇）を開始し、翌七七年に国連加盟を果たして国際社会の一員になった。レー・ズアン政権のもとで、ようやく社会主義の建設が始まったが、しかしベトナム戦争が終わった後も、カンボジアとの戦争や混乱が続いて国土の再建が進むことはなかったのである。

カンボジアとの戦争は次のようなものだった。ベトナム戦争後、カンボジアは社会主義国となり、中国に支援されたポル・ポト政権は、国内では極端な原始共産社会の建設を開始し、ベトナムに対しては、歴史的にカンボジアは抑圧されてきたとして反ベトナムの立場を鮮明にして、敵対的姿勢をとり、断交した。そのためベトナムは、一九七八年に軍隊をカンボジアに進攻させてポル・ポト政権を追放し、親ベトナム政権を樹立した。

これに対して中国が、友好国カンボジアに進攻したベトナムへの懲罰を理由に、ベトナム北部に軍を進攻させたことから、限定的戦争が起こった。ベトナム戦争が終わると、今度は社会主義国間の戦争が起こったのである。カンボジアの隣国タイがベトナムのカンボジア侵攻を非難して、ベトナムは東南アジアや世界で孤立した。ベトナムの行動の背景には、世界最強の軍事大国アメリカとの戦争に勝利したことで、指導者がどんな難局も「力」で突破できると考えたことがあった。

ベトナム共産党の新たな国家形成――「ドイモイ政策」

この危機状況のなかで、ベトナム共産党が打ち出した国家形成が「ドイモイ政策」（刷新政策）である。この政策の背景には、国内の次のような事情があった。さきほどみたように、ベトナム共産党は、ベトナム戦争中は「貧しさを分かち合う社会主義」をスローガンに掲げて国民に窮乏を強いたが、戦争終結後も国民にこれを受け入れさせることは難しい。また、新たに併合した旧南ベトナムの住民は資本主義のもとで暮らしてきたこともあり、急激な社会主義化に強く反発した。ベトナム再建の任務を託されたレー・ズアンは一九八六年に死去し、この問題への対応は新指導者に委ねられた。

一九八六年にグエン・ヴァン・リンが新書記長に就任して、打ち出されたのがドイモイ政策であった。ただ、ドイモイ政策の骨子を創ったのは、レー・ズアンの死後、暫定書記長に就いたチュオン・チンだった。これが語ることは、ドイモイ政策はベトナム共産党指導者の「協同作品」と言えることである。

ドイモイ政策の主眼は、社会主義に関する発想を転換すること、具体的には、ベトナム共産党の支配を堅持しつつ、次の二つの基本方針を実現することに置かれた。一つは、これまでの計画経済を市場経済に換えて、資本主義化と自由化によって国民の労働意欲を刺激し、集団農業を解体して農業生産を増やすことである。もう一つは、資本主義のアジア諸国や欧米諸国との関係を改善することである。このうち後者は、これまでベトナム共産党は、社会主義国と資本主義国の敵対的な対立を国際関係の基軸に置いてきたが、これ以降、体制の違いを超えた平和的共存と経済的相互依存関係を基軸にするものに転換したものである。前者は後に「社会主義志向の市場経済」と呼ばれたが、これは中国の「社会主義市場経済」と同じである。

これが語るように、ドイモイ政策は、中国が一九七八年に打ち出した「改革・開放政策」に類似したものであり、八六年には隣国の社会主義国ラオスでも、「チンタナカーン・マイ政策」（新思考政策）が始まった。アジアの社会主義国は、ほぼ同じ時期に、資本主義型経済開発に転じたのである（ただし北朝鮮は違う）。

ドイモイ政策を推進する環境を整備するために、翌一九八七年にベトナム議会は「新外資導入法」を制定して外国投資を奨励し、九一年に中国との国交関係を修復し、九五年にアメリカと国交を正常化した。また一九九五年に東南アジア諸国連合（ASEAN）に加盟して、地域関係を改善した。これに加えて、ドイモイ政策が始まった二年後の一九八八年にタイのチャートチャーイ首相が、「インドシナを戦場から市場へ」というスローガンを打ち出したことも、ドイモイ政策に好都合な要因として作用した。

経済発展と「ホー・チ・ミン思想」

ドイモイ政策が始まると、賃金が安価なベトナム人労働者を目当てに、欧米諸国や東南アジア諸国の企業からの直接投資が起こり、経済開発に必要な資本や技術が流入した。この結果、年平均で八〜九パーセントの経済成長率を記録した。経済構造も変化して、二〇一〇年代になると所有企業別にみた工業生産は、国有企業が約一三パーセント、非国有企業が約三四パーセントなのに対し、外国企業は半分の五〇パーセントを占めるまでになった。また、農業の自由化によって農業生産（コメ）が飛躍的に改善され、農産品の多角化も進んで、コーヒーの生産と輸出はブラジルに次いで世界第二位になった。中国と同様、ベトナムも資本主義型経済開発のもとで発展したのである。

他方では、経済開発の推進と並行して、ベトナム共産党の支配の強化が行われた。これまでベトナム共産党は、中国のように自国の指導者の言説を「〇〇思想」と呼んで「民族化」を図ることは、マルクス・レーニン主義の普遍性を歪めるとして、批判的姿勢をとっていた。それが、一九九一年に「ホー・チ・ミン思想」を党規約に明記したのである。この時期にホー・チ・ミン思想を唱えた理由は、現代ベトナム研究者の古田元夫によると次のことにあった。ソ連・東欧諸国で社会主義国が崩壊して、マルクス・レーニン主義の妥当性への懐疑が広まるなかで、建国の父として国民の信頼が厚いホー・チ・ミンの権威を利用して、ベトナム共産党の独裁と社会主義を維持しようと考えたのである。実際、ソ連の崩壊はホー・チ・ミン思想が唱えられたのと同じ一九九一年だった。

現在、ベトナムは世界のなかで下位中所得国に位置しているが、二〇二一年に開催されたベトナム共産党大会は、二十一世紀も全面的にドイモイ政策を推進して、建国一〇〇周年に当たる二〇四五年までに、「社会主義志向の先進国」になる目標を掲げた。この点でベトナムは、経済開発と思想統制を並行して進める中国と同じである。

小括

社会主義国の中国を創ったのが毛沢東、北朝鮮を創ったのが金日成である通り、アジアの社会主義国の建国者は独裁者の顔を持っている。しかし、ホー・チ・ミンはベトナムの独立と社会主義国創設の功労者だとはいえ、親しみやすい柔和な顔つきから国民の間で「ホーおじさん」と呼ばれ、独裁者の顔を全く持たない特異な指導者である。実際にこれを語るのが、ホー・チ・ミンが一九六九年に死去したさいに、個人崇拝につながる墓所や霊廟を創ることを禁じた遺書とされる文書を残したことだった（しかしベトナム共産党はこれを無視して、ホー・チ・ミン廟を建てた）。

興味深いのは、ベトナムは他の社会主義国のように独裁者が登場していないことである。なぜなのか。その要因として、ベトナムの農村で長老会議が村の運営を合議制で決めた伝統が今も強く残り、ベトナム共産党もこの影響を受けて集団指導制になった、という現代ベトナム研究者・坪井善明の指摘がある。これは一考に値すると思われる。というのは、中国共産党の指導者は王朝国家の皇帝の独裁の影響を強く受け、ベトナム共産党の指導者は農村社会の合議制の影響を強く受けているのだとすれば、これが独裁者が出現したか、しなかったかを分ける要因の一つと考えられるからである（歴史的な政治文化の違い）。

とはいえ、ベトナムが中国や北朝鮮と同じ社会主義国であることも、紛れもない事実である。その理由は、共産党の一党独裁に加えて、ベトナム共産党がホー・チ・ミン思想を党規約に明記して、神格化をはかったことにある。これは、中国が毛沢東思想、北朝鮮が主体思想を唱えて、建国指導者を神格化したことと同じである。また、反体制派に対する取り締まりも極めて厳格で、国民の政治的自由がないことも、中国などと同じである。

ドイモイ政策による国家と社会の立て直しと経済開発、ホー・チ・ミン思想によるベトナム共産党独裁の正当化と強化、これは世界各地の社会主義国が自由主義国や民主主義国に転換するなかで、ベトナムの社会主義を維持するための手段、あるいはその宣言とみることができる。

国家形成の点では、理念として掲げた社会主義の建設を別にすると、ベトナムが実質的に掲げたのはドイモイ政策だけである。その理由は、独立から約三五年間が戦争の連続で、この間に国家形成に取り組む「余裕」がなかったという特殊事情に求められる。そして、ようやくベトナムの地から戦火が止み、その余裕ができた一九八〇年代は、社会主義国でも資本主義型開発が主流になっていたのである。今後、ベトナムが「ミニ中国路線」を歩むのか、それとも、それとは異なる独自路線を歩むのか、はたまた民主化の道を歩むのか。予見は難しいが、アジアの社会主義国の国家形成の内容という観点からも注目される。

第10章　タイ――タクシン「大統領型首相」

タイの最初の王朝国家は、十三世紀中頃に北部に創られたスコータイ国で、このとき伝来した仏教を採り入れて、現在に至っている。ただマレーシアに隣接する南部にはムスリムがいる。東南アジアで唯一植民地にならなかったタイの特徴は、国民の大半を占める仏教徒のシンボルの国王の威信が大きいこと、それに一九三二年の立憲革命で国王から実権を奪った軍の政治関与が強いことにある。第二次世界大戦後のタイ政治は軍人を軸に展開されたので、アジアにおける軍政の代表国と言える。

タイでは政権交代はクーデタがパターンになり、軍人指導者は実権を握ると、秩序の回復と経済開発を掲げた。この代表とも言えるのが一九五八年に登場したサリット政権だった。そして、軍政が力を入れた経済開発が進んで農業国から工業国に転換した一九九〇年代になると、タイ政治に新しいアクターが登場した。軍政時代から学生集団は批判勢力の代表だったが、経済発展を担った企業家、その社会的受益者の都市中間層などがそうである。都市中間層は市民社会の重要アクターでもある。

市民社会は一九九〇年代にタイの民主化の担い手となった。そして二〇〇〇年代になると、企業家出身のタクシンが徹底的な資本主義型開発を進めて、タイ社会を根源的に変革することを試みたが、軍のクーデタで追放された。現在、タイの主要政治アクターは、伝統的に力を持つ軍人、市民社会、それに企業家の代表とも言えるタクシンの三者からなり、三者の「権力争奪ゲーム」が行われている。

本章は、軍人と市民社会とタクシンが、タイの国家形成をどのように行ったのか、軍人政権とタクシン政権に焦点を絞って、その特徴をみることにする。

サリット政権の国家形成――開発主義国家とタイ式民主主義

タイは第二次世界大戦前から軍人を中心とする政治が展開されていたが、戦後も主役は軍人だった。具体的には、戦前期からの指導者ピブーン・ソンクラーム、それに戦後に台頭したサリットやタノームなどの軍人が、クーデタで権力を握って首相に就任するのが政権交代のパターンになった。軍人指導者は権力を握ると、その後、政党を創って総選挙を実施したが、それは選挙に勝利した政党人指導者に政権を引き渡すためではなく、選挙に勝利すると自ら首相に就いて、軍政から民主政に衣替えするための「儀式」に過ぎなかった。

注目されるのは、ほとんどの軍人がクーデタで権力を握った理由、すなわちクーデタの正当化の理由に挙げたのが、私利私欲を行動原理にする政党政治家の腐敗と混乱が招いた秩序の回復、それに経済開発の促進だったことである。韓国やインドネシアなどで一九六〇年代後半に開発を掲げた開発主義国家が形成されたが、タイはそれよりも早い五八年に、軍人サリット・タナラットがクーデタで実権を握ると（ただし、サリットは前年の五七年にもクーデタを行い、これは二回目だった）、開発主義国家が形成されたのである。サリットは一九六三年に病死し、後継首相にタノームが就任したが、タノームはサリットの経済開発路線を継承したので、五八〜七三年はサリット・タノーム政権と呼ばれる（以下では、サリット政権と表記する）。

サリット政権（一九五八〜七三）の国家形成の基本は、軍の独裁と経済開発に置かれた。これは、軍が政党や国民の政治活動を抑圧して秩序を確保し、この政治基盤のうえに国家が経済開発を進めるものだった。これがサリット型開発主義国家であり、軍政と経済開発の組み合わせは、韓国の朴正熙政権と同じである。

サリット政権の経済開発は次のようなものだった。サリットはクーデタ翌年の一九五九年に、国家経済開発委員会を創設し、六一年に「第一次国土経済開発六ヵ年計画」（一九六一〜六六）を策定して、経済開発を始めた。開発の主眼はインフラ建設に置かれ、道路の整備やダムの建設などが行われた。開発の担い手となる企業は、これまでの政権が外国資本を制限し、国営企業を軸にしたのに対し、サリット政権は外国企業の投資を奨励し、民間企業を軸にしたことに違いと特徴があった。

サリット政権は政治思想のうえでも興味深い特徴を持つものだった。欧米型民主主義はタイにはなじまず腐敗と混乱を招いているとし、欧米型民主主義を否定して、「タイ式民主主義」を唱えたからである。すなわち、タイはタイ民族、仏教、国王の三つを国是とするので（これは「ラックタイ」と呼ばれる）、国王を元首にする民主主義が相応しいとしたのである（これは一九七八年に憲法に明記された）。ただ実際には、国王を強調したにもかかわらず、軍が実権を握るものだったので、見方によっては、タイ式民主主義は軍政を正当化するものでもあった。

サリット政権が終わった経緯は次のようなものだった。タイに隣接するインドシナ地域が戦場となったベトナム戦争が激化すると、一九七三年に学生の反戦を求める民主化運動が起こった（同年に北ベトナムとアメリカが「パリ和平協定」に調印した）。軍と学生が衝突して七七人の死者が出ると、仏教徒国民の間で絶大な威信を持つ国王が調停に乗り出し、後継首相を指名することとなり、それによって、サリット政権が終わったのである。

軍と国民が国王の調停を受け入れたのは、ポークン（父王）と呼ばれる国王が争いごとを公平に裁く温情主義的な父として、広く国民に崇められていることにあった。これが一九七三年の学生革命である。これにより軍政に終止符が打たれたが、しかし軍は三年後の一九七六年にクーデタを決行して、再度実権を握った。

市民社会と民主化

注目されるのは、サリット政権をはじめ、その後の軍政が経済開発を進めた結果、タイが農業国から工業国に転換したことである。これがタイの政治社会に持った意味は、その構造が変容したこと、すなわち、経済開発を担った企業家、それに経済成長の恩恵を受けた都市中間層と呼ばれる企業の中間管理職、会計士、弁護士、医師、教師などが一定規模形成されたことである。これが市民社会である。この結果、これまで政治を独占してきた軍人に加えて、市民社会がタイ政治の有力な一員として登場したのである。

新たに台頭した市民社会の力を語るのが、一九九〇年代に軍政を批判する民主化運動の担い手になったことであり、これを象徴した出来事が九二年の「血の民主化事件」だった。一九九一年にクーデタが起こり、軍政は民主政に衣替えするために、翌九二年に総選挙を実施した。選挙の結果、軍系政党を軸にする連立政権が成立し、軍人スチンダが首相に就任した。これは、これまでのクーデタと変わらない構図だった。しかしこのときには市民社会が力をつけており、彼らの眼からすると、スチンダは選挙で選ばれた議会議員でないだけでなく、選挙前に自分は首相にならないと公言していたことが問題になったのである。

バンコクの都市中間層を中心にスチンダの辞任を要求する大規模デモが組織され、王宮前広場に集まったデモ隊が首相府に向けて移動すると、デモを鎮圧する軍・警官と衝突して、政府発表によると四〇人の死者が出る大惨事になった。事態がここに至って国王が調停に乗り出し、スチンダは辞任を余儀なくされた。血の民主化事件は、一九七三年の学生革命の再現でもあったのである。

事件後、市民社会を中心に民主主義の定着に向けた制度改革が進められた。一九九七年に上院議員の民選、下院議員の小選挙区制と比例代表制の併用選出、下院議員の閣僚兼任の禁止、議員資格を大卒以上とするなどの内容からなる憲法改正が行われた。これにより、政治家の腐敗行為や軍の政治介入を阻止する措置が制度化されたのである（ただこれによって、腐敗がなくなったかどうかは別のことである）。また、これらの措置のなかには民主主義精神にそぐわないものもあるが、市民社会の間では民主主義が定着するために必要と考えられたのである。

タクシンのバックグラウンド

このようななかで登場したのが、企業家出身のタクシン・チンナワット（一九四九〜）である。タクシンはタイ北部の古都チェンマイで、議会議員を務めた実業家を父に生まれた。中学卒業後、バンコクの軍予科学校で学び、警察士官学校に入学して、一九七三年に卒業すると警察官になった。タクシンのポッチャマーン夫人（ダーマーポング一族）も三代続いた警察官一族だった。

タクシンは任官後、アメリカに留学して一九七五年にイースタン・ケンタッキー大学で修士号を、七八年にサム・ヒューストン大学で博士号を取得した。帰国後、警察に勤務するかたわら、一九八三年にコンピュータのレンタル業を始めた。一九八七年に警察官を退任して、シン・コーポレーション社を設立し、同社を基盤に携帯電話、通信衛星、ケーブルTVなどに事業を拡大して、タイ最大の通信企業グループを創り上げた。

タクシンはビジネス界で地位を築くと、次に政界に眼を向けた。一九九四年に連立政権党の一つパランタム党に加入して、チュワン政権の外相に就任し、次の二つの政権ではパランタム党党首として副首相に就いた。一九九七年にパランタム党が解党すると、翌九八年に、ビジネスで得た資金を原資に自らの政党として、タイ愛国党を創設した。ここからタクシンの躍進が始まったのである。

二〇〇一年総選挙でタイ愛国党は議会五〇〇議席のうち二四八議席（約五〇パーセント）を得て第一党になり、タクシンは首相に就任した。これまで議会の過半数近くを占めた政党は稀だったので、これはタクシン政党の大勝と言えるものだった。その一因は、タクシンが豊富な政治資金をも

タクシン・チンナワット
(1949-)

とに、選挙前に他党の有力議員をタイ愛国党に取り込んだことにあった。タイ愛国党は二〇〇五年総選挙でも、三七五議席（七五パーセント）を獲得して歴史的勝利を収めた。タクシンは警察官から出発し、企業家を経由して首相（指導者）になったのである。

タクシン政権の国家形成——強い首相と貧民支援

絶対的政治基盤を背景にタクシン政権（二〇〇一～〇六）は、「新しい発想、新しい行動」をスローガンに掲げて、これまでの政権とは異なる国家形成を行った。経済開発が国家形成の主眼に置かれた点では軍政と同じだが、しかし、その手段と手法が違ったのである。徹底した資本主義の導入と、それに基づいた開発政策の実施がそうであり、輸出産業の振興と農村貧困層や都市低所得層の支援に重点が置かれた。このうち農村支援は、村落基金の設置、農民負債の返済猶予、三〇バーツ医療制度、一村一品運動などからなった。資本主義の手法に依拠したタクシンの経済政策は「タクシノミックス」と呼ばれたが、これにより「国の改造」を行って、タイを先進国にすると豪語したのである。

　タクシン政権の国家形成がタイ政治に持った意味は、次のことにあった。経済開発の重点がそれまで開発から取り残されていた農村の農民、それに都市部の貧民に置かれたので、彼らから絶大な支持を得たことである。経済発展により都市中間層が台頭したとはいえ、国民人口に占める農民と貧民が多いことから、これが総選挙のさいにタクシンの政党が圧勝する「原動力」になったのである。タクシンは巧妙に経済開発と農村を結びつけたのである。

タイ経済研究者の末広昭によると、タクシンの政治運営手法はデモクラシーと対比させて「タクシノクラシー」と呼ばれ、その特徴は三つからなる。第一が、国家と企業を同一視して、政権運営に企業経営のやり方を導入したこと、すなわち、「国は企業、首相は国のCEO（最高経営責任者）」と唱えたことである。第二が、すべての国家機関や公務員に「ビジョン・ミッション・ゴール」を要求して、その意図や動機ではなくパフォーマンスによって評価しようとしたことである。第三が、都市部の大規模ビジネスと農村部の草の根経済を同時に振興する「両面作戦政策」を採用したことである。

このうち第一の特徴は、シンガポールでも指導者は、国家（政府）を企業と同じように運営すると説かれ、「経営者国家」と呼ばれたので、これはタクシンの考え方と同じである。第二の特徴は、タクシンが効率と結果を重視する合理主義者であることを語っている。タクシンは軍人指導者と違い、「国は企業、首相は国のCEO」「強い首相」を唱えたが、これは企業家出身指導者の面目躍如といったところである。

タクシン政権の強権と腐敗

他方で、タクシン政権はもう一つの顔を持っていた。強権統治が行われたこと、タクシン一族が巨額の利益を得たこと、すなわち指導者の腐敗がそうである。強権統治の一つが、二〇〇三年に治安を回復して秩序を維持するために、「麻薬撲滅戦争」を宣言して、約一年で二六〇〇人程を超法規的手法で処分したことだった。これはフィリピンのドゥテルテの「先駆け」でもあった。

タクシン一族の蓄財も批判を浴びた。二〇〇六年にタクシン一族が所有する通信企業のシン・コーポレーション社をシンガポールの政府投資公社に売却したさいに、巨額の売却益の税金逃れをしたことは、その一つだった。また、タクシンの出身家のチンナワット家、それに夫人のダーマーポング家を併せると、首都バンコクだけでなく、出身地の北タイのビジネスや地方政治にも強力な地盤を築き、両家所有のグループ企業の株式時価総額は、常に全国ランクの一位か二位を占めた。

そのためタクシンは、一部の国民、とりわけ都市中間層から、農民の歓心を買うポピュリスト、権力を過度に手中にした独裁者、顕著な腐敗と異様な蓄財者、仏教徒国民が敬愛する王室を蔑ろにする危険な政治家、などの批判を浴びた。農村振興策に対しても、都市住民の間で、バラマキ政策批判が起こった。これは軍人指導者と全く違うだけでなく、これまでタイになかった指導者像である。この結果、国民が、タクシンを批判するバンコクなどの都市中間層と、支持する農民や低所得層に二分された。

二〇〇六年四月に総選挙が行われたが、主要野党がボイコットしたためタイ愛国党が圧勝した。しかし選挙の翌月に憲法裁判所が総選挙の無効判決を出し、二〇〇六年九月に軍が無血クーデタを起こすと、タクシンは外国に亡命した。クーデタの実行勢力が「国王陛下を元首とする民主主義体制改革評議会」を名乗ったことは、軍がタクシンの唱えた「強い首相」に反発して、国王を元首にする民主主義の守護者を自称したことを語っている。

インラック政権の国家形成――タクシン路線の継承

タクシン追放後、軍人出身のスラユットが首相に任命され、二〇〇八年に憲法裁判所が、タイ愛国党に解散命令を出し、一〇〇人を超える同党幹部を公職追放処分にした。併せて資産調査委員会が、タクシン一族とポッチャマーン夫人一族の脱税などの調査を進めて、タクシン一族の銀行資産五三〇億バーツの凍結を決定した。これらの措置は、軍がタイ政治から「タクシン的なもの」を排除しようとしたことを意味した。

しかし、タクシンはこれで終わらなかった。亡命先の外国からタイ政治を動かしたのである。二〇〇七年総選挙のさいに、タクシンを支持する人びとは、強制解散されたタイ愛国党の後継政党として、人民の力党を創って臨み、同党の指導者は「人民の力党はタクシンのポピュリスト政策を継続する」「政権を握ったらタクシンに助言を求める」と明言した。

同年総選挙で人民の力党は、議会四八〇議席のうち二三二議席（四八パーセント）を獲得して第一党になり、サマック政権、ついでソムチャーイ政権が誕生した。軍が強権を行使して排除したにもかかわらず、タクシンは農民や貧民の間で絶大な「人気」を維持していたのである。これに対して、反タクシン勢力が反発して、バンコクのスワンナプーム国際空港を占拠するという行動に出た。この結果、二〇〇八年に憲法裁判所が人民の力党の解散命令を出し、ソムチャーイ政権は約二ヵ月で崩壊したが、反タクシン政権が誕生すると、今度は親タクシン勢力が、ASEAN会議が開催されていたホテルに乱入するなど、二つの勢力の行動が過激化した。

その後、親タクシン勢力は新たにタイ貢献党を創り、二〇一一年総選挙でタクシンの妹のインラック・チンナワットが党首に就任して臨んだ。インラックは、アメリカの大学で修士号を得た、タクシン一族企業の経営者である。タイ貢献党は総選挙に、「タクシンが考え、タイ貢献党が実行する」をスローガンに掲げて臨み、農民と貧民の絶大な支持を得て、議会の過半数を獲得して第一党になった。この結果、インラックが首相に就任したが、これは指導者一族の登場であると同時に、タイ初の女性首相の誕生でもあった。

インラック政権（二〇一一〜一四）の国家形成は、タクシン政権と同様に農民を手厚く保護することに置かれた。ただ、兄のように行政経験や政治力を持たないこともあり、政策の不十分さや不正行為などが批判された。二〇一三年に反タクシン勢力による反インラック政権デモが広がると、翌一四年に軍のクーデタが起こり、インラックは兄同様に排除された。しかも、インラックへの追及はこれで終わりにならなかった。二〇一七年にタイ国家汚職防止取締委員会が、インラックに対し、首相在任中に必要以上の高額で農民からコメを買い上げたとして、職権乱用や職務怠慢の罪に問い、有罪としたからである。判決後、インラックはこれも兄同様に外国に亡命した。

インラックを追放した軍が、軍政から民主政に衣替えするために実施した二〇一九年総選挙では、反軍勢力の政党が過半数を得ることができず、軍人プラユットが暫定首相となり、その後、首相に就任した。

軍とタクシンの「妥協」

二〇二三年五月に民主政に衣替えするための総選挙が実施された。結果は、軍の政治介入に反対し、かつ不敬罪の改正など王室に関わる政治制度の改革を訴えた革新系の前進党が、議会五〇〇議席のうち一五一議席（三〇パーセント）を獲得して第一党に、二〇〇〇年代の総選挙で常に圧勝していたタクシン系のタイ貢献党が一四一議席（二八パーセント）で第二党、そして、プラユット首相の軍系政党は四〇議席（八パーセント）にとどまった。前進党党首のピターは、ハーバード大学などで学んだ四十代の指導者で、軍とタクシン勢力の政争が続いていた間に、新しい政治勢力（市民社会）が台頭したのである。しかし、首相選出の過程で、王室の威厳を護ることを任務と考える議会の軍勢力が反対したため、ピターは首相になることができなかった。

この背景には、憲法が首相選出は下院（五〇〇議席）と上院（二五〇議席）の合計七五〇名で選出すると定めていることがあった。上院議員は軍の任命なので、軍は自分たちの意向に沿った首相を選出するために、二五〇の「基礎票」を持っている。これは軍の政治関与が「制度化」されて、指導者を決めるさいに強大な権限を持っていることを意味する（ただ二〇二四年五月から首相選出は、下院議員だけで行われるようになった）。

その後、タイ貢献党と軍の妥協が成立して、二〇二三年八月に同党党首のセター・タウィーシンが首相に就任した。セターは選挙直前まで不動産会社を経営していた企業家である。タイ貢献党の首相が誕生したことの意味は、過去二〇年ほど敵対関係にあって激しく対立していた軍とタクシンが「手を結んだ」ことにある。実際に、セター首相が誕生すると、タクシンは二〇二三年八月に長期間に及んだ亡命生活から帰国して、一〇年から一年に短縮された刑期で服役し、二四年に仮釈放されて「自由の身」になった。とはいえ、この便宜的妥協の行方がどうなるかは不透明である。

事実、二〇二四年八月に憲法裁判所はセター首相に対し、同年四月の内閣改造のさいに憲法が規定する倫理規範に違反したとの理由で、解職命令を下し、失職した。この命令が出された背景には、憲法裁判所に影響力を持つ軍が、セター首相の背後で実権を握るタクシンを牽制する意図があった。そして、二日後に、タイ貢献党党首のペートンタン・チンナワットが新首相に就任した。三十七歳のペートンタンはタクシンの次女で、チュラロンコン大学卒業後、企業経営に関わり、一年前の二〇二三年に党首になったもので、タクシン一族出身の四人目の首相となった。今後も、軍とタクシン勢力、それに市民社会勢力の三者のあいだで政治的駆け引きが続くことが予想され、タイ政治の先行きは不透明である。

小括

タイ政治の主役は、王朝国家時代は国王だったが、一九三二年の立憲革命後は軍人となり、第二次世界大戦後も軍人を中心に動いてきた。しかし、一九九一年の民主化運動を契機に、経済発展の結果、形成された都市中間層を軸にする市民社会が新たな政治アクターとして登場し、軍人と市民社会が主要アクターになった。

そして、二〇〇〇年代になると、実業家出身のタクシンがビジネスで得た資金をもとに、新たに政治アクターとして参入した。その手法は、これまでタイの経済開発で無視されていた農村の農民や貧困層の生活改善を訴えて総選挙に勝利して、指導者になるというものだった。仏教徒国民に敬愛されている国王と並ぶ指導者になることを目論んだタクシンは、国王の地位を護ることを任務と考える軍のクーデタで排除されたが、総選挙が実施されると、親タクシン政党が農民などに支持されて勝利する事態が続いた。これは、タイで一人一票の民主主義制度が定着した結果でもあった。

タイの政治構図は、軍人支配から、一九七〇年代以降は軍人と市民社会、そして、二〇〇〇年代にタクシンが加わり、軍人、市民社会、タクシン勢力の「三鼎立《ていりつ》」になった。これに加えて、タイ民族文化の象徴でもある国王の威信が強いことから、国王を含めた四つの政治アクターからなるとみることも可能であり、これがタイの特徴でもある。また視点を変えれば、現在はタクシンを座標軸に、親タクシン勢力と反タクシン勢力の対立からなると言っても間違いではない。

三つの勢力と国家形成の観点から言えるのは、軍人が、国王と仏教と軍を軸にした国を目指し、市民社会が、軍を排除した民主主義国を目指し、そしてタクシンが、大統領型首相を軸にした国を目指し、このように、三つの勢力それぞれの目指す国家像が全く違っていることである。今後タイが、どのアクターのもとで何を軸に国家形成を進めていくのかが注目される。

第11章　ミャンマー――ネ・ウィン「ビルマ式社会主義」

ミャンマーは一八八六年にイギリスの植民地になり、インドの一州に組み込まれたが、一九三七年に切り離されてイギリス領ビルマとなり、第二次世界大戦中の日本による占領を経て、四八年に独立した国である。国土は中・南部の平地（稲作が中心）と、北東部など国境地帯の険しい山岳地からなり、平地には国民の多数派を占める仏教徒のビルマ人（六八パーセント）、山岳地には数多くの少数民族が住み、ムスリムやキリスト教徒が多い。ミャンマーは多民族・多宗教社会であり、この構図が独立後の国家形成に強い影響を与えている。

一九三〇年代に独立運動が始まり、四七年に独立指導者のアウンサンがイギリスとの交渉で、翌四八年の独立を確定させたが、アウンサンは独立前年に暗殺された。独立すると、ウー・ヌが指導者に就いて、民主政のもとで国家形成が始まった。しかし、独立直後から共産勢力の武装反乱や、山岳少数民族の分離独立運動が頻発して対応に苦慮し、政権の内部対立も絶えなかった。政情が不安定になると、一九六二年に軍人ネ・ウィンがクーデタで実権を握り、ビルマ式社会主義の国家形成を開始したが、失敗した。その後、別の軍政が登場して資本主義型経済開発と上からの民主化を進めた。二〇一六年にアウンサンスーチー政権が誕生して、ようやく民主政になったが、同政権もクーデタで排除された。独立後は、民主政期よりも軍政期のほうが長く、現在も軍政下にある。

本章は、ミャンマーの独立指導者アウンサンと軍人指導者ネ・ウィンの国家形成、それにアウンサンスーチーの民主化運動と国家形成がどのようなものか、軍と政党の二つの組織の指導者に焦点を絞ってみていく。なお、国名がミャンマーになるのは一九八九年のことで、それまではビルマと呼ばれたが、本章はミャンマーで統一する。

アウンサンのバックグラウンドと独立活動

独立運動の最大の指導者がアウンサン（一九一五～四七）である。アウンサンは上ビルマの小さな町で農民出身の弁護士を父に、男三人女三人兄弟の末っ子として生まれた。八歳から町の寺院学校に通って仏教とビルマ語を習い、十三歳のときに長兄が教員をしている民族学校に転校した。

一九三二年に、イギリスが創ったラングーン大学に入学して、英文学や政治学などを学んだが、学生運動にも熱心だった。これを語るエピソードが、アウンサンが三年生のときに、当局の学校運営を批判した学生が退学処分になると、反対運動やストライキが起こり、アウンサンが指導者になったことだ。大学卒業後も学士入学して学生運動の指導者を続けたが、同時に民族運動にも関心を持った。一九三〇年に創られた民族主義と社会主義を掲げたタキン党への入党を勧められると、大学を辞めて三八年に入党した。入党すると直ちに書記長になり、翌一九三九年に反英統一戦線の書記長に就いたが、運動を弾圧するイギリス植民地政府の逮捕を逃れるために中国のアモイに逃れた。

アウンサンは同地で、ミャンマーへの軍事進出を考えていた日本の特務機関員と出会う。来日した後、一九四一年に日本の特務機関の指導のもと、中国の海南島で、ミャンマーを脱出してきた三〇人の仲間と一緒に軍事訓練を受けた。彼らは後に「三〇人の志士」と呼ばれたが、仲間には後の軍人指導者ネ・ウィンもいた。一九四一年末にバンコクで日本主導のもとで「ビルマ独立義勇軍」を創り、翌四二年に日本軍とともにイギリス支配からの解放を目指してミャンマーに進攻した。進攻後、アウンサンが体調を崩して入院したときに看護したドオ・キン・チーと結婚し、アウンサンスーチーら三人の子を持った。

ミャンマーを占領した日本が、一九四三年八月に「独立」を付与すると、アウンサンは国防相に就いた。しかし、日本の意図がミャンマーを真に独立させることではなく、資源などを利用するためであることが分かると、アウンサンは一九四四年八月、共産党や人民革命党などとともに反日戦線の「反ファシスト人民自由連盟」（パサパラ）を結成して議長に就任し、翌四五年三月に抗日武装蜂起を行って日本軍を排除した。

第二次世界大戦後、アウンサンはイギリスと独立交渉を行い、一九四七年一月に「アウンサン・アトリー協定」に調印して、翌四八年の独立を確定させた。一九四七年四月に独立後の議会議員を選出するための総選挙が行われると、アウンサン率いるパサパラは、議会一八二議席のうち一七六議席（九七パーセント）を獲得して圧勝した。残りの六議席はパサパラのライバル政党のビルマ共産党が獲得した。これによりアウンサンが初代首相になることが確実になった。

しかし、アウンサンは同年に暗殺され、ミャンマーは独立前に最大の指導者を失った。この背景には、独立運動を第一世代と第二世代が担ったなかで、アウンサンら第二世代が主導権を握ったことから、独立後の政権から排除されることを懸念した第一世代の「恨み」を招いたという事情があった。そのため、一九四七年八月にアウンサンが独立後に内閣を構成する予定の仲間と会議を行っていたとき、第一世代の指導者で、アウンサンの政敵のウー・ソウが差し向けた部下の手で、六人の仲間とともに射殺されたのである。このときアウンサンは三十二歳で、独立後、国民から「アウンサン将軍」とも「独立の父」とも思慕された。

ウー・ヌ政権の国家形成――社会主義と政党政治の混乱

独立すると、ラングーン大学時代のアウンサンの盟友で、タキン党の仲間のウー・ヌがパサパラを引き継ぎ、首相に就任した。ウー・ヌ政権（一九四八～五六、五七～五八、六〇～六二）の国家形成の基本は、民主主義を根幹にして、経済分野では社会主義を目指すものだった。その理由は、欧米諸国の資本主義が帝国主義を生み出し、ミャンマーを植民地化したことから、社会主義こそが望ましいと考えたことにあった。

しかし、ウー・ヌ政権は直ちに、さまざまな難題に直面した。独立から数ヵ月後に、土地国有化やイギリスの利権の完全追放を唱えたビルマ共産党の武装反乱が起こり、翌一九四九年には山岳少数民族カレン人の分離独立闘争が起こったからである。これに加えて、地方ボスなどがパサパラ政権を無視して勝手な行動をとり、パサパラも二つに分裂して派閥対立が起こった。

政党政治が危機に陥ると、一九五八年にウー・ヌは、ネ・ウィン大将率いる軍に選挙管理内閣を創ることを依頼し、ネ・ウィンは同意した。これは、政党人指導者が政党政治を円滑に進めることができないと認めたことを意味したが、このときのネ・ウィンに軍政を始める意思はなく、治安が回復すると一九六〇年に総選挙を実施して、選挙に大勝したウー・ヌに政権を返した。

問題は、その後もウー・ヌ政権が少しも安定しなかったことであった。仏教の国教化を進めたために非仏教徒国民の反発を招いたこと、地方の分権化要求に大幅に譲歩する姿勢をみせたこと、最初の政権発足時に経済政策の基本に据えた、国有化によって社会主義を実現するという政策を、二度目の政権では経済不振を理由に資本主義を軸にするものに替えようとして軍の不満を招いたこと、などがそうである。ウー・ヌ政権は自ら掲げた国家形成に失敗したのである。その最大の理由は、ウー・ヌ政権がまとまりに欠けていたことに加えて、ミャンマー社会が民族や宗教や地域などで分裂していたことにあった。

ネ・ウィン政権の国家形成――ビルマ式社会主義

一九六二年三月、ネ・ウィンはクーデタにより実権を握った。ネ・ウィン（一九一一～二〇〇二）は、下ビルマで公務員の父に生まれ、高校卒業後、医師を目指してラングーン大学に入学したが、医師試験に失敗すると中退した。その後、タキン党に入党してアウンサンと一緒に海南島で軍事訓練を受け、大佐に任命されて軍のナンバー2になった。独立すると副司令官に就任し、その後、国軍最高司令官、ウー・ヌ政権の副首相に就いた。

ネ・ウィン政権（一九六二～八八）の統治体制は、ウー・ヌ政権の議会制民主主義を否定した独裁だった。憲法と議会を即時に廃止して、法に縛られない絶対的権限を持ったこと、一九六二年七月にビルマ社会主義計画党を創り、党議長に就任したこと、六四年に同党以外の政党をすべて解散させて、軍とビルマ社会主義計画党を軸にする独裁体制を構築したこと、がそうである。

ネ・ウィン政権が国家形成に掲げたのが「ビルマ式社会主義」だった。これは社会主義を目指すものだが、ただそれは、マルクス主義思想が説く共産主義に至る前の段階の過渡的なものではなく、ミャンマーの伝統文化と結合した社会主義それ自体が最終目標とされた。また社会主義が突如として現れたのではなく、ウー・ヌ政権も社会主義を掲げたが、ネ・ウィンの眼からするとそれが極めて不十分だったことから、あるべき社会主義、すなわちネ・ウィン型社会主義を掲げたのである。

その内容は、農業を除いたすべての産業分野における企業の国有化、新聞社や私立学校の国有化、ビルマ文化の強調、外国資本や外国文化の排除、外交の中立主義などからなった。一九七四年にはビルマ式社会主義に基づいた憲法が制定され、国名を「ビルマ連邦」から「ビルマ連邦社会主義共和国」に変え、ネ・ウィンは革命評議会議長から大統領に就任して、形式的に民主政に衣替えした。

ネ・ウィン（1911-2002）

ネ・ウィン政権の崩壊――ビルマ式社会主義の失敗

しかし、ネ・ウィン政権は、行政の硬直化や非効率化、経済活動の停滞などに悩まされた。ビルマ式社会主義も、経済の実権をイギリス人やインド人や華人など外国人の手からビルマ人に取り戻すとしたが（経済のビルマ化）、実際には、欧米諸国などとの政治・経済・社会交流を拒否した「鎖国」でしかなかった。そのため、開発資金や技術に欠けた農業国ミャンマーの経済開発は全く進まず、一九七〇年代以降、経済開発が進んだ多くのアジアの国との差は開く一方であった。

二六年間続いたネ・ウィン政権は一九八八年に崩壊した。同年三月にラングーン大学の学生を中心に大規模な反政府デモが起こり、この背景には、ビルマ式社会主義による極度の経済停滞と政治的自由の束縛への反発があった。注目されるのは、この反政府デモは民主化運動でもあったことで、一九八六年にフィリピンで始まり、台湾と韓国などを経由してミャンマーに波及したものだった。デモが国内各地に拡がると、一九八八年七月にネ・ウィンはビルマ社会主義計画党議長を辞任し、政界からの引退を表明した。

しかし、これで軍政が終わったのではなかった。ネ・ウィン政権に不満を持つ別の軍人グループが、二ヵ月後の一九八八年九月にクーデタを起こして実権を握ったからである。新軍政はクーデタの理由として、法秩序の回復と国土の治安維持を挙げたが、これはネ・ウィン政権が進めた国家形成の否定でもあった。新軍政は、戒厳令を発令し、ビルマ式社会主義を放棄してビルマ社会主義計画党を解党し、新たに国家法秩序回復評議会を創設して、ソウ・マウン大将が議長に就任した。

ソウ・マウン政権（一九八八〜九二）が行った国家形成の一つは、国民の間で軍統治の正当性を得るために民族意識に訴えて、一九八九年に国名をビルマからミャンマーに改め、首都の名称もラングーンからヤンゴンに変えたことだった。興味深いのは、ソウ・マウン政権は民主化勢力を弾圧したが、総選挙実施の要求を受け入れて、一九九〇年に実施することに合意したことである。この背景には、民主化勢力など反政府勢力が分裂しているので、ソウ・マウン政権が、総選挙を行えば軍の政党が勝利すると、楽観視していたことがあった。

アウンサンスーチーのバックグラウンド

民主化勢力がきたる総選挙の顔に選んだのがアウンサンスーチー（一九四五〜）だった。父は独立指導者のアウンサン、三人兄弟の末っ子で、二歳のときに父が暗殺された。アウンサンスーチーは仏教徒だが、ヤンゴンのキリスト教の私立ミッション・スクールで学んだ。ビルマ赤十字のトップとなっていた母が、ウー・ヌ政権末期の一九六〇年に駐インド大使に任命されると、一緒にインドに渡り、デリー大学で学んだ。

一九六四年にイギリスのオックスフォード大学で哲学や政治学を学び、六九年にはアメリカのニューヨーク大学大学院で国際関係論を学んだが、国連本部職員に採用されると中退して、三年勤務した。その後、一九七二年にオックスフォード大学時代に知り合ったチベット研究者のイギリス人と結婚し、夫がブータン政府で働くと同行した。この経歴が語るようにアウンサンスーチーは、政治学を学び、ガンディーの思想に強く惹かれたとはいえ、研究者タイプに属した。

イギリスで家族と暮らしていたアウンサンスーチーに、新軍政がクーデタを起こした一九八八年に運命を変える出来事が起こった。ミャンマーで暮らす母が危篤との知らせを受けて帰国すると、民主化運動が起こり、参加を決意したからである。民主化勢力の間で、「独立の父」アウンサンの娘が帰国していることが知れ渡ると、同年結成された国民民主連盟の書記長に選ばれた。政治家アウンサンスーチーは、このようにして誕生したが、しかしその道は苦難の連続だった。

ソウ・マウン政権は選挙運動を始めたアウンサンスーチーを自宅軟禁にしてその活動を制限し、一九九〇年総選挙の立候補届けを選挙管理委員会が拒否したことは、その始まりだった。総選挙の結果は、国民民主連盟が議会四八五議席のうち三九二議席（八一パーセント）を獲得したのに対し、軍の政党は一〇議席にとどまり、国民民主連盟の圧勝となった。これは軍政の期待を完全に裏切るものであり、国民が軍政に「倦んで」いたことが分かる。

しかし、ソウ・マウン政権は総選挙結果を無視し、政権引き渡しを拒否した。その理由として挙げたのが、総選挙で選出されたのは議会議員ではなく、制憲議会議員である、すなわち、政権移譲に先立って新憲法を創る必要があるというものだった。軍政は、「ゲームのルール」を変更したわけで、これも独裁者の常套手段である。その後、一九九二年に軍政の指導者が交代し、タンシュエ政権（一九九二〜二〇一一）になった。新政権は制憲議会を開催したが、審議は遅々として進まなかった。

この間、軍政は国民民主連盟を弾圧し、アウンサンスーチーの自宅軟禁は、一九八九〜九五、二〇〇〇〜〇二、〇三〜一〇年と一五年ほどに及んだ。軟禁中の一九九一年にアウンサンスーチーはノーベル平和賞を受賞したが、受賞理由は、彼女が師と仰いだガンディーに倣った非暴力の民主化運動の指導方式だった。

「上からの」民主化

一九九七年に、タンシュエ政権は国家法秩序回復評議会に代えて、新たに国家平和開発評議会を創り、国家形成の目標を、秩序の確立・維持から経済開発に代えた。注目されるのは、軍政は新たな目標を経済開発にすると、それには欧米諸国からの投資や技術が不可欠であること、そして「民主化」は避けられないと認識したことだった。この背景には、ミャンマーに対する欧米諸国の民主化圧力が強まり、国際社会で孤立したことがあった。

タンシュエ政権は、二〇〇五年に首都をネーピードーに移転した後、〇八年に憲法を制定して、大統領を国家元首とし、少数民族に一定の自治を認める連邦制や民族代表院（上院）と人民代表院（下院）の二院制を導入するなどして、民主主義の制度を整えた。これを受けて二〇一〇年に総選挙を実施し、軍の連邦団結発展党が圧勝して、軍人出身のテインセインが大統領に就任し、軍政から民主政に衣替えした。

ただ、国民民主連盟は二〇〇八年憲法を認めず選挙をボイコットした。そのため、テインセイン政権（二〇一一～一六）は総選挙後、民主化を装うために、アウンサンスーチーの自宅軟禁を解除し、国民民主連盟がボイコットした総選挙の正当性を確保するために、二〇一二年に国民民主連盟が参加する補欠選挙を実施した。結果は、国民民主連盟が実施された下院三七議席のすべてで勝利し、アウンサンスーチーも当選した。

ただ留意すべきは、テインセイン政権の上からの民主化は、一九九〇年総選挙のように軍の政党が敗北して、アウンサンスーチー率いる国民民主連盟が政権を握ることがないことを保証した制度装置を施したうえで行われたことだった。すなわち、第一段階として、国民民主連盟を排除して総選挙を行って政権を確定させ、第二段階として、補欠選挙を行って議会議席の一部を国民民主連盟に「分け与えた」のである。このように手の込んだ二段階の選挙が行われたが、欧米諸国はこれによりミャンマーは民主化されたとして、それまで停止していた経済援助や民間投資を復活・本格化した。軍政の思惑通りに進んだのである。

アウンサンスーチー政権の国家形成——軍の政治関与の排除

二〇一五年に総選挙が実施されて、国民民主連盟が下院三二三議席のうち二五五議席（七九パーセント）を獲得して圧勝し、軍の連邦団結発展党は三〇議席にとどまった。この結果、国民民主連盟が政権を握ったが、外国人と結婚した国民は大統領に就任できないという軍政が制定した憲法の規定により、アウンサンスーチーは大統領になれなかった。そのため「大統領の上に立つ」とし、新設の国家顧問に就任して、事実上のアウンサンスーチー政権が誕生したのである。

アウンサンスーチー政権（二〇一六〜二一）の国家形成は、最大の目標を民主化、すなわち軍の政治関与を排除することに置いて、政権発足直後から軍に厳しい姿勢をとった。大臣ポストが軍の利権になっているとして、三六から二一へ大幅に削減したこと、軍の政治関与を制度化した憲法を改正する意向を表明したこと、などがそうである。ただこの措置が、軍がアウンサンスーチー政権に反発する大きな要因になったことも否めない。

他方では、アウンサンスーチー政権は軍の協力なしに解決が困難な問題を多く抱えていたことも事実だった。その一つが、西部ラカイン州に住むムスリムのロヒンギャの武力闘争である。ミャンマーの多数派を占める仏教徒のビルマ人が、ムスリムのロヒンギャを見下して差別すると、これに反発したロヒンギャの民族運動が起こった。これを軍が武力で鎮圧すると、ロヒンギャの武装勢力が軍や警察を襲撃して大混乱に陥った。アウンサンスーチー政権は軍の暴走を止められなかったとして国際社会の批判を浴びたが、アウンサンスーチー政権は国の秩序維持に軍の力を必要としつつ、その軍の政治関与を排除しようとしたというジレンマにあったのである。

アウンサンスーチー政権の排除――再度軍政に

緊迫した情勢のなかで、二〇二〇年に総選挙が実施された。結果は、国民民主連盟が上院一六一議席のうち一三八議席（八六パーセント）、下院三一五議席のうち二五八議席（八二パーセント）を獲得する圧勝だった。国民は軍ではなく、アウンサンスーチーに国の運営を委ねたのである。

しかし、強大な力を持つ軍の考えは全く違うものだった。二〇二一年二月にクーデタを起こし、アウンサンスーチーを追放して実権を握ったのである。軍が唱えたのは、二〇二〇年総選挙における国民民主連盟の勝利は選挙不正によるものであり、クーデタによってそれを糺すというものだった。ただこれは表向きの理由でしかなく、本音はアウンサンスーチー政権が総選挙で国民の支持を得たことを武器に、憲法に定められた軍の政治関与を廃止するのではないかと懸念したことにあった。

クーデタに対して国民民主連盟の支持者を先頭に、多くの国民の間で大規模な抗議デモが起こったが、ミンアウンフライン政権（二〇二一〜）は容赦なく武力で弾圧した。軍政の強硬な態度に対して、ASEAN諸国や欧米諸国からも批判の声があがったが、ミンアウンフライン政権はこれを無視して、二〇二二年七月に民主派活動家四人の死刑を執行し、同年九月には特別法廷がアウンサンスーチーに禁錮三三年の判決を下した。翌二〇二三年三月には、軍政下にある選挙管理委員会が国民民主連盟の解散命令を出した。

ミンアウンフライン政権が民主化勢力を弾圧する姿勢を変えることがなく、軍政の終わりがみえてこないのが、現状である。

小括

ミャンマーは軍の政治関与が顕著で、一九四八年の独立以来、民主政期よりも軍政期のほうが長い。特異なのは、タイと同様、軍の政治関与が憲法で保障されていることである。すでに指摘したように、ミャンマー（とタイ）の軍の政治関与の制度化のモデルは、インドネシアのスハルト政権である。スハルト政権は約三〇年続いたが、その秘訣は軍の関与を憲法などで定めたことにあった。現在インドネシアではこの制度は廃止されたが、ミャンマーではいまも活用されて、「合法的関与と支配」が行われている。

なぜミャンマーは軍の政治関与が強いのか。その理由として、ミャンマー社会が民族や宗教や地域で分裂していて、一つにまとまることがなかったこと、独立後の政治過程で、政党人指導者が育たなかったこと、政治社会の混乱が続いて秩序を維持するために軍を必要としたこと、などが挙げられる。

これを国家形成と指導者の観点から言うと、次の通りである。独立当初は政党人指導者も軍人指導者も、ともに社会主義の建設を掲げた。しかし社会主義の建設は放棄されて、ミャンマーの国家形成のメニューから消えた（これは、他のアジアの国も同様である）。そして現在は、政党人指導者が考える国家形成（政党を軸にした民主主義国）と、軍人指導者が考える国家形成（分離独立を阻止して、軍を軸にした国家体制の維持）の二つのメニューがあり、全く異なっている。そのため、軍人指導者は政党人指導者の国家形成を阻止して、自分たちが考える国家形成を貫くために、クーデタに訴えて実権を握ることになる。アジアでは、現在も軍が政治アクターの一員であることを唱えて、それを力で実行する国が少なくないが、ミャンマーはその一つなのである。

問題は、民主主義を志向する政治アクターを、どのようにして創出するかにあると言える。

第三部　南アジア

第12章　インド——ネルー「社会主義型社会」

現在、中国を抜いて一四億人強の国民を持つ、世界最大の人口大国になったインドの特徴の一つは、宗教にある。国民の宗教意識が強烈なこと、ヒンドゥー教（約八〇パーセント）、イスラーム（約一四パーセント）、シク教（約二パーセント）などさまざまな宗教があること、それに、国内各地に多様な民族と言語を抱えていることがそうである。インドは多様な宗教と民族と言語が混在・共存する国であり、これが指導者の国家形成に強い影を落とした。

人口が多く資源が豊かなインドは、アジア諸国の中で早い時期にイギリスに植民地化されたが、同時に過酷な植民地支配に対して独立運動が早い時期に始まった国でもあった。独立運動を主導したのが、民族や宗教や地域の違いを超えて英語教育の共通性でつながった知識人エリートで、その組織（政党）が一八八五年に創られた国民会議派、その指導者がガンディーとネルーである。一九四七年に独立すると国民会議派が政権を担い、ネルー首相のもとで政教分離と民主主義を原理にして、社会主義型社会を創る国家形成が始まった。ネルーの死後は、娘のインディラ、孫のラジブにこの営為が引き継がれた。

しかし一九九〇年代になると、ネルー一族と国民会議派の威信が陰りをみせ、ヒンドゥー教を掲げるインド人民党が台頭して、国民会議派とインド人民党がほぼ交互に政権を担うものになった。現在の指導者はインド人民党のモディで、その国家形成は資本主義型経済開発を推進するかたわら、政教分離の世俗国家から、ヒンドゥー教国化を目指すものに置かれている。

本章は、独立当初の指導者ネルーの国家形成に焦点を合わせ、ネルー一族の後継指導者、それに現在の指導者のモディが、どのような国家形成を進めているかみることにする。

ネルーのバックグラウンド

独立運動の最大の指導者が、非暴力と非協力をスローガンに掲げたモーハンダース・ガンディー（一八六九〜一九四八）である。しかし、ガンディーは独立翌年の一九四八年に暗殺され、そもそも国家指導者の地位に関心がない宗教と信念の人だった。インドが独立すると初代首相に就任して国家形成の任務を担ったのが、ガンディーと並ぶ独立指導者のジャワハルラール・ネルー（一八八九〜一九六四）である。

ネルーは北インドのウッタルプラデシュ州のアラハーバードで、著名な弁護士・政治家のモーティーラール・ネルーの長男として生まれた。カーストは最上位のバラモンに属した。一九〇五年（十五歳）にイギリスの名門高校に入学し、〇七年にケンブリッジ大学に進んだ。大学では法律を学び、弁護士の資格を得て、一九一二年に帰国した。ネルーのイギリス留学は七年に及び、この間に独立運動への関心を深めながら、イギリスの民主主義を観察してその意義を体得した。重要なのは、これが独立後にネルーが進めた国家運営の原理になったことである。

帰国すると、国民会議派議長を務めた父の影響もあり、国民会議派に参加して、独立運動に飛び込んだ。独立運動は、一九一五年に南アフリカから帰国したガンディーが加わり、指導者になると尖鋭さを増した。ネルーはガンディーの「弟子」として非暴力・非抵抗運動の一員になり（ただ、ときとしてガンディーの方針に反発した）、一九二八年に国民会議派書記長、翌年、同議長に選出された。また、一九二一年の最初の逮捕・投獄をはじめ、合計九回投獄された経験を持つ。

この間、一九一六年にカシミール出身の実業家の娘カマラーと結婚し、翌年、後に首相になる一人娘のインディラが生まれた。一九二六年に夫人の病気療養のために、約二年ヨーロッパに滞在したが、夫人は三六年に病死した。その前の一九二七年にソ連を訪問して社会主義国を見たことが、二年後の国民会議派大会で、独立後のインドが採るべき道として「社会主義型社会」を提唱したことにつながった。そして、一九三八年に内戦が続くスペイン、翌三九年に日本侵略下の中国の重慶を訪問して、世界の動きを観察する機会を持ち、これがネルーの国際政治における資産になった。

一九四七年に独立すると、ネルーが首相兼外相に就任して、ネルー政権が始まった。一九五二年に独立後最初の総選挙が実施されると、国民会議派は下院四八九議席のうち三六四議席（七四パーセント）を獲得して圧勝し、五七年、六二年の総選挙でも圧勝して、一党優位体制を築いた。これはアジアでは一九五〇～九〇年代における日本の自民党一党優位体制と並ぶものだった。

ジャワハルラール・ネルー
（1889-1964）

ネルー政権の国家形成
――民主主義と「社会主義型社会」

ネルー政権（一九四七～六四）は盤石な政治基盤のうえに国家形成を進め、基本原理は政教分離と社会主義に置かれた。政教分離は、国民の間で歴史的に根強いヒンドゥー教のカースト制度による差別を根絶して、自由で平等な社会を創ることが目標とされた。具体的には、経済社会的に差別されてきた不可触民の地位を向上するために、下院の一定議席を不可触民だけが立候補できる制度とし、さらに公共機関の雇用や大学の入学枠などでも彼らの優遇制度を導入した。これは、「留保制度」と呼ばれた。不可触民は、ヒンドゥー教のバラモン、クシャトリア、ヴァイシャ、シュードラの四つの身分階層に属さない、それ以下の人びとのことで、アウト・カーストとも呼ばれて、ヒンドゥー教徒の一五パーセント程を占めている。

社会主義は、インドを「社会主義型社会」にすること、具体的には、計画経済による経済開発がそうである。ネルーは民主主義の信奉者だが、これを唱えた背景には、イギリス植民地時代にもたらされたインドの貧困と不平等を解決するには、社会主義しかないと考えたことがあった。この方針のもとで、重要産業の国有化や統制を進め、経済開発を推進するために一九五〇年に「第一次五ヵ年計画」を策定し、鉄鋼など重工業に莫大な公共投資を行った。これによりインドを農業国から一気に近代工業国にしようとしたのである（これは中国の毛沢東政権と同じだった）。その実現のために、工業製品の輸入を制限して、インド国内で生産する輸入代替型工業化を採用した。

ただ、社会主義型経済開発は、毛沢東時代の中国のように計画経済一本槍ではなく、計画経済と市場経済を組み合わせたもの、すなわち、一部の産業分野を民間企業（資本主義）に委ねたので、「混合経済」と呼ばれた。この裏返しとして、中国や北朝鮮などの社会主義国が実施した、土地無し農民や貧農に耕作地を与える土地改革や農村改革はほとんど行われなかった。その理由は、農村開発よりも重化学工業化に重点が置かれたことにあり、これに加えて、農村における国民会議派の支持基盤が、一定以上の土地を持ち、経済社会的な影響力を持った支配カーストだったことがあった。

ネルー政権はインドを悩ます言語問題にも対処した。国民を一つにまとめる国家形成の一環として、ヒンディー語を公用語にしたが、これで、国内各州でさまざまな言語が使われているインドを統一することは難しい。何よりも、独立にさいして継承したイギリス植民地時代の行政州区分と、実際に、州で使われている言語が対応していないことから、さまざまな問題が生まれていた。これを解消するために、使用言語（母語）を軸に州を再編する言語別州再編を行ったのである。

国際分野では、「非同盟」を掲げて、冷戦で対立するアメリカ陣営にもソ連陣営にも加わらず、アジアやアフリカなど第三世界のリーダーであることを目指した。これを示す一つが、一九五五年にインドネシアのバンドンで開催された「アジア・アフリカ会議」に、インドネシアのスカルノ大統領や中国の周恩来首相らとともに積極的に関わり、アジア・アフリカ諸国などの結束を促したことだった。

苦悩するネルー政権

しかし、ネルー政権の国家形成は苦闘の連続だった。社会主義型社会の建設は、土地改革の不徹底、食糧危機、インフレにともなう外貨危機、その結果としての開発五ヵ年計画の停滞などに苦しんだ。とりわけ政権末期の一九六一年に開始した「第三次五ヵ年計画」(一九六一～六六)が失敗して、社会主義型社会の建設に疑問符がついた。また、インドの農民は歴史的経緯もあり識字率が低いが、教育政策の重点が中等や高等教育に置かれて初等教育に配慮されなかったため、国民の識字率も改善されなかった。

国際関係でも、一九四七年のパキスタンとの分離独立のさいに、北西部に位置するカシミールの帰属をめぐって戦争が起こり、さらには国境線をめぐってパキスタンや中国と小規模戦争も起きた。とりわけ一九六二年のチベットをめぐる中国との国境戦争に大敗して、ネルー政権と国民会議派の威信が低下を余儀なくされた。それまで中国と協調路線を進めていたネルーにとり、戦争は「不意打ち」だったのである。

カースト制度に代表されるように、歴史的に深くインド国民に根差した意識の改革、それによるインド社会の近代化は、近代主義者で合理主義者のネルーといえども容易ではなかったのである。ネルーは一九六四年に病死し、国家形成の営為は未完で終えた。

インディラのバックグラウンド

ネルーの後継者のシャーストリー首相が、わずか二年の在任で一九六六年に病死すると、ネルーの一人娘のインディラ・ガンディー（一九一七～八四）が首相に就任した。指導者一族の登場である。インディラは父と同じウッタルプラデシュ州のアラハーバードで生まれ、小学校はイギリス系ミッション・スクールに通った。九歳のときに母が病気療養のためにスイスに行くと、インディラも同行して、ジュネーブの国際学校でフランス語を学んだ。帰国後、父と母が独立運動を理由に逮捕・投獄されると、刑務所に近い学校に転校したこともあった。

その後、インド東部のベンガル州にある、インドの代表的詩人タゴールが創った平和学園で学んだが、一年で終わり、母の療養のために再度スイスに渡った。ただ母はインディラが十八歳のときに亡くなり、インディラは一九三九年にオックスフォード大学に入学した。そして、一九四一年に大学時代に知り合ったゾロアスター教徒のフェローズ・ガンディーと結婚して、二人の息子を持った。異教徒との結婚に父ネルーは難色を示したが、インディラにとって宗教の違いは問題でなかったのである。夫は独立後、上院議員になったが、一九六〇年に病死した。

第二次世界大戦が終わると、インディラは首相に就任した父のもとで政治家としての経験を積み、亡き母の代わりにファーストレディー役を務め、アメリカやアジア諸国など父の外遊に同行した。これは韓国の朴槿恵と同じである。一九五九～六〇年には、父と同様に国民会議派議長を務めた。英才教育を受けたインディラがネルー後の首相に就任することは「規定路線」だったのである。

インディラ政権の国家形成1――社会主義型社会

しかし、インディラは首相就任後、国民会議派保守派との党内抗争に苦しんだ。党がインディラ派（左派）とデサイ派（右派）に分裂し、右派が与党から野党に移ったからで、分裂の原因は、インディラが進めた銀行国有化に右派が反発したことにあった。一九七一年総選挙で国民会議派（インディラ派）が、下院五一八議席のうち三五二議席（六八パーセント）を獲得して圧勝し、ようやく党内基盤を確立した。また、同年に起こったバングラデシュの独立をめぐるパキスタンとの戦争に大勝して、インディラの威信が高まったことも、政権安定の一因になった。

インディラ政権（一九六六～七七、八〇～八四）の国家形成は、内政は、父のネルー政権と同様、社会主義型社会の建設に置かれ、貧困の追放と社会的公平をスローガンに掲げた。具体的には、不可触民の救済措置、銀行、保険会社、不動産業などの国有化、外国資本の制限などが行われた。外交は、父の非同盟を継承したが、ただ欧米諸国との関係が悪化すると、次第にソ連寄りのスタンスをとった。

インディラ政権が成果を上げたことの一つに、一九六〇年代半ばに始まった「緑の革命」が挙げられる。これは、高収量品種の種子や化学肥料の投入や技術改良などによって、米や小麦などの生産量を増やして、食糧自給を達成する政策で、パキスタンや東南アジア諸国でも行われたものだった。この背景には、父のネルー政権が農業を軽視して重化学工業化に重点を置いたのに対し、インディラが、農業国インドに必要なのは農業開発による食糧増産だと考えたことがあった。緑の革命は北西部のパンジャブ州や南部のタミルナドゥ州を中心に推進され、インドは一九七〇年代末に食糧輸入ゼロを達成した。この結果、外国援助に依存することなく自立的な国民経済が可能になったのである。

インディラ政権の国家形成2——権威主義統治

他方では、インディラ政権もネルー政権と同様に難題が絶えなかった。旱魃による食糧危機、経済危機、それにパキスタンなどとの戦争がそうであり、これがもう一つの顔につながった。父とは違う権威主義統治がそうである。これを語る一つが、一九七五年にインディラの選挙区があるアラハーバード高等裁判所が、七一年総選挙におけるインディラの選挙違反と当選無効判決を出すと(議員剝奪と六年間の公職追放、後に無罪判決が出た)、インディラが内政の危機を理由に、非常事態宣言を発令して強権体制を敷いたことだった。反政府言説を行った野党指導者の逮捕、約一〇万人に及ぶ政府批判者の拘束、多くの政党の活動禁止、新聞の検閲などが行われたが、これは民主主義を踏みにじるものだった。

これもあり、一九七七年総選挙では「民主か独裁か」が争点になり、国民会議派は下院五四二議席のうち一五四議席(二八パーセント)を獲得したにとどまった。しかもインディラ、それに後継者に考えていた次男サンジャイが落選した。これに対して、民主主義の回復を訴えたジャナタ党が二九五議席(五四パーセント)を獲得して、インディラが逮捕した野党指導者のデサイが首相に就任した。デサイ政権(一九七七~七九)の国家形成は、インディラ政権の社会主義型の重化学工業化を否定して、「インド的」「民族主義的」なものに重点が置かれた。村落企業の保護、農村貧困層の所得向上、これとセットで多国籍企業の活動を厳しく制限したことなどがそうである。

しかし、次の一九八〇年総選挙で国民会議派は五四二議席のうち三五三議席（六五パーセント）を獲得して（ジャナタ党は内紛もあり、わずか三一議席に激減した）、インディラが首相に復帰した。ただ、就任直後に次男サンジャイが飛行機事故で死亡し、一九八〇年代には経済不振に苦しみ、国内各地の州で民族紛争や宗教対立なども発生した。これに対してインディラ政権は効果的な対応策を打ち出せなかった。

インディラ政権に終止符を打ったのが、インド社会の特徴とも言える宗教問題、それにインディラの権威主義統治だった。インディラ政権が推進した緑の革命によって豊かになったパンジャブ州の富裕層が地方分権を要求すると、インディラは拒否してこれを抑圧した。一九八四年六月にパンジャブ州のシク教徒強硬派が、分離独立を唱えて、シク教の総本山であるアムリトサルの黄金寺院に立てこもると、インディラは軍隊を派遣してこれを排除した。しかし一九八四年十月に、この強硬措置に反発した敬虔なシク教徒の護衛兵によってインディラは暗殺されたのである。

ラジブ政権の国家形成――穏健な統治と汚職疑惑

インディラ暗殺後、長男のラジブ・ガンディー（一九四四～九一）が首相に就任した。ネルー一族三代目の登場だった。ラジブは民間航空会社のパイロットで、夫人のソニアはイタリア人である。一九八一年にインディラの次男サンジャイが事故死すると、ラジブは政治家に転じ、同年の補欠選挙で下院議員に当選して、国民会議派筆頭幹事長になった。一九八四年にインディラが暗殺されて総選挙が実施されると、暗殺に対する同情票もあり、国民会議派は下院五四二議席のうち四〇四議席(七五パーセント)を獲得して圧勝し、ラジブが四十歳で首相に就任したのである。

ラジブ政権(一九八四～八九)は、「ミスター・クリーン」の清新なイメージを武器に、母とは違う、柔軟で穏健な統治で国家形成を進めた。具体的には、経済分野では規制緩和、対外開放、貿易自由化、財政規律の確立など、効率性と近代化を掲げた資本主義的政策を打ち出した。社会分野では、インド各地で発生した民族問題、それにインディラ暗殺の原因になったパンジャブ州の宗教問題についても、シク教の穏健派政党に対して柔軟な姿勢をとった。国際関係も改善され、アメリカと中国を訪問して関係改善に努めたことは、その一つだった。一九八五年にはバングラデシュが提唱して、南アジア七ヵ国が地域協力を進める「南アジア地域協力連合」(SAARC)が結成されたが、これは六七年に結成された東南アジア諸国連合(ASEAN)に倣ったものだった。ラジブ政権は着実な国家形成を進めたのである。

他方では、ラジブ政権はクリーンなイメージに反して、外国からの武器購入に際してのスキャンダルに苦しんだ。一九八七年に発覚した、スウェーデン企業からの武器購入に絡んだ疑惑がそうである。一九八九年総選挙で、国民会議派は下院五四三議席のうち一九七議席(三六パーセント)に終わり、前回選挙から議席を半減して大敗した。

総選挙の敗北後、ラジブは次回総選挙での再起を目指して活動したが、一九九一年五月に南部のタミルナドゥ州を遊説中にスリランカのタミル人過激派により暗殺された。この背景には次のような事情があった。第15章でみるが、スリランカは土着民族で仏教徒のシンハラ語を母語にするシンハラ人の優遇政策がとられた。この政策に対して、インド南部から移民したヒンドゥー教徒でタミル語を母語にするタミル人が反発し、一九七〇年代後半に過激派が分離独立闘争を開始すると、スリランカ各地で熾烈な武力衝突が起こった。この民族紛争にラジブ政権が調停介入して、タミル人過激派にシンハラ人との融和を説いたことから、タミル人過激派の反発を招いたのである。

社会主義型社会の放棄と「自由化政策」

ラジブ暗殺後の一九九一年総選挙は、暗殺への同情票もあり、国民会議派が勝利して、ナラシンハ・ラーオが首相に就任した。ラーオ政権（一九九一〜九六）の国家形成で特筆されるのは、初代首相ネルーから続いた社会主義型社会の国家形成から決別して、「自由化政策」を打ち出したことだった。これは市場経済、すなわち資本主義型経済開発に転換したものであり、経済活動に対する諸々の規制の撤廃や貿易自由化などが行われた。

ネルーが掲げた社会主義型社会の建設は、同じ国民会議派の指導者によって幕が閉じられた。この背景には、社会主義型社会の建設が硬直的な官僚的手法によって行き詰まり、深刻な経済危機に陥ると、国際通貨基金などから緊急支援を受けたが、自由化が支援条件にされたこと、それにこの時期にソ連などの社会主義国が崩壊したことがあった。ともあれ、インドは社会主義型の経済開発と決別して、現在の資本主義型経済発展はこのときに基礎が創られたのである。これ以降インドは、中国と同様に、資本主義経済の道を突き進むことになる。

一九九六年、九八年、九九年総選挙では、ヒンドゥー教を掲げるインド人民党が三回連続で勝利して政権を握った。そして、二〇〇四年、〇九年総選挙では国民会議派が勝利して、一九九一年の自由化政策を実質的に担ったマンモハン・シンが首相に就任した（在任二〇〇四〜一四）。このように、一九九〇年代以降は国民会議派とインド人民党を軸に展開された（ただ、ともに単独政権ではなく、小政党を取り込んだ連立政権だった）。

この間、インド人民党政権の一九九八年に核実験を行い、核保有国の仲間入りをすると、隣国パキスタンも直ちに地下核実験を行い、地域や世界の緊張が高まった。インドとパキスタンの対立は、一九四七年の分離独立から一貫して続いている。

モディ政権の国家形成――「偉大なインド」を目指して

二〇一四年総選挙で、インド人民党が二八二議席（五二パーセント）を獲得したのに対し、国民会議派は四四議席（八パーセント）と歴史的惨敗を喫して、モディが首相に就任した。

ナレンドラ・モディ（一九五〇〜）は、インド西部のグジャラート州で紅茶売りの父に生まれ、低位カーストに属した。グジャラート大学で政治学を学び、インド人民党の母体でヒンドゥー教至上主義組織の民族奉仕団に参加した。一九八七年にグジャラート州議会議員になり、二〇〇一〜一四年の間、グジャラート州首相を務めた。注目されるのは、モディが州首相在任中に、積極的な外資受け入れとインフラ整備を進めて経済成長を達成したことだった。その手法は新自由主義に基づく、小さな政府と民営化を軸にしたものだった。他方では、二〇〇二年にグジャラート州で起こったヒンドゥー教徒とムスリムの暴動で、ムスリムの死者一〇〇〇人以上が出た事態に、モディが適切な対応をとらなかったとして、批判された。

二〇一四年総選挙でインド人民党が勝利した要因は、国民会議派のシン政権の腐敗に対する国民の失望、モディがムスリムに融和姿勢をみせたこと、少なからぬムスリムが州首相時代のモディの経済手腕に期待したことなどにあった。モディは首相に就任すると、グジャラート州時代の経済開発とヒンドゥー教国化を国政に持ち込んだ。

モディ政権（二〇一四〜）は、貧困層に配慮しながら高度経済成長を軸にする国家形成を進めた。具体的には、高速道路の建設などインフラ整備、法制度の整備など投資環境の改善、汚職撲滅がそうである。この結果、二〇二二年にインドは、中国、日本に次ぐアジアの経済大国になった（世界では第五位、ただ一人当たり国民所得は、中国の約一万ドル、日本の約四万ドルに対し、インドは二〇〇〇ドルと低い）。

モディ政権は、インドが二〇二三年に「G20」（G7＋EU＋新興国一二ヵ国）の議長国になったのを契機に（これは任期一年の加盟国の持ち回り）、巨大な経済力を武器に、国際社会におけるインドの地位向上を目指した。グローバル・サウス（南半球の新興・途上国）と呼ばれる国々のリーダーとして、積極的な活動を行ったことがそうである。中国の習近平政権が強大な経済力を背景に「偉大な中国」の構築を目指したのと同様、モディ政権も発展する経済を背景に「偉大なインド」を目指したのである。

ただ、モディ政権の宗教政策と権威主義統治に批判が強いことも事実である。宗教政策は、インドはヒンドゥー教国であるとして、ムスリムやキリスト教徒を「外来者」として位置付けている。

これは国民会議派政権が掲げた「世俗国家」に代えて、「ヒンドゥー教国家」を目指していることを語るものであり、インドの政教分離は岐路に立っている。そして、モディ政権の経済成長は権威主義統治による側面が強く、これは習近平政権と類似したものである。

これもあり二〇二四年四～六月の総選挙で、モディ政権の強権政治に対する国民の不満と批判が明らかになった。インド人民党は、前回総選挙で獲得した三〇三議席から、二四〇議席に減り、政権三期目にしてはじめて過半数を割り込んだ。議席減の主たる要因は、経済成長から取り残された貧困層の不満、モディ政権が掲げるヒンドゥー教至上主義に対して、ムスリムだけでなく、一部のヒンドゥー教徒のあいだでも批判が強いことなどにあった。今後、モディ政権は、難しい国家運営を迫られている。

小括

一九四七年の独立から九〇年代になるまで、インドは独立運動を主導した国民会議派の議会における絶対的基盤のうえに、ネルー、インディラ、ラジブ、とネルー一族が指導者を輩出し、政教分離を軸に社会主義を志向する国家形成を進めた。インドの一部の観察者や批判者の間で、これが「ネルー王朝」と受け止められて、アジアや世界におけるインドの代名詞になった。

ただ、ネルー一族の政教分離を軸にした国家形成は、ヒンドゥー教徒国民の歴史的に根強い宗教意識の前に、その実現が阻まれたことを否めない。現在の政権党がヒンドゥー教を強調するインド人民党であることも、これを語るものである。また、社会主義型社会の建設も失敗し、一九九〇年代初めに国民会議派の指導者が自らこれを放棄して、資本主義型経済開発に転換した。

政党構図の変容も、インドの特徴の一つに挙げられる。独立後、国民会議派政権が続いたが、一九九〇年代になるとインド人民党が台頭し、しばしば政権を担った。インドの政党構図は、国民会議派の一党優位制から多党制に変容したのである。これは州レベルのことだが、独立当初からいくつかの州で国民会議派とは違う政党の州政権が登場していたなかで、大都市コルカタがある西ベンガル州は、一九七〇年代末から約三五年、インド共産党の州政権が続いた。これは、国民会議派の威信が地方レベルに浸透していなかったことを示すものだが、同時にインド政治が多様であることを示すものでもある。

国家形成の点では、国民会議派が「世俗国家」、インド人民党が「ヒンドゥー教国家」を目指すなど全く異なっており、経済開発についても国民会議派が一九八〇年代末まで社会主義を志向し、インド人民党が資本主義に依拠しているなど、全く違っている。今後、インドはどの政党の指導者のもとで、どのような国家形成が行われるのだろうか。世界最大の人口大国でアジア有数の経済大国になったインドの行方が、アジアや世界に強い影響を与えることは確かである。

第13章　パキスタン――ブット「イスラーム社会主義」

インドの西に位置するパキスタンは、歴史的にはインドと一体だが、一九四七年のイギリス植民地からの独立にさいして、ヒンドゥー教徒が多数を占めるインドとは別に、ムスリムが創ったイスラーム国家である。この背景には、独立運動指導者のジンナーが、ヒンドゥー教徒とムスリムは異なる存在だとする「二民族論」を唱えたことがあった。

独立したときの国土は、インドを挟んで西パキスタン（現在のパキスタン）と東パキスタン（現在のバングラデシュ）からなったが、一九七一年に経済的・軍事的に強大な西パキスタンの支配に反発する東パキスタンが分離独立して、国土の約六分の一と人口の約半分を失った。

一九四七年に独立すると、ジンナーが主導するパキスタン・ムスリム連盟政権のもとで、政教分離を原理とした国家形成が始まった。しかし政党政治が混乱すると、一九五八年に軍人カーンのクーデタが起こり軍政になった。これ以降、タイと同様、軍人指導者の政権と政党人指導者の政権が繰り返されたが、いずれも政教分離から転換して、イスラームを国家形成の軸にした。この点で、パキスタンのキーワードは「イスラーム」にある（国民の約九六パーセントがムスリム）。

本章は、軍人指導者と政党人指導者の国家形成がどのようなものか、政教分離とイスラームを軸にみていく。なお、パキスタンは、大統領制（大統領）と議院内閣制（首相）の制度変更が頻繁であるが、煩雑さを避けるために、制度の変更については説明せず、その時点での指導者の呼称を使う（これはバングラデシュとスリランカも同様である）。

ジンナーの国家形成の理念――政教分離

パキスタンの独立運動指導者がムハンマド・アリ・ジンナー（一八七六～一九四八）である。ジンナーはカラチでムスリム商人の子に生まれ、ボンベイ（現在のムンバイ）で育った。一八九二年にイギリスに留学して弁護士の資格をとり、九六年に帰国し、ボンベイ高等裁判所の弁護士として活動した。その後、独立運動に加わり国民会議派と協調したが、「二民族論」を唱えて袂《たもと》を分かち、一九〇六年に結成された全インド・ムスリム連盟に参加して、イスラーム国家を創る運動の指導者になった。

一九四七年に独立すると、「建国の父」ジンナーが、パキスタン・ムスリム連盟（全インド・ムスリム連盟から改称）を率いて総督（国家元首に相当）に就任した。強調されるべきは、ジンナーはイスラーム国家の創設を主導したとはいえ、パキスタンをイスラームを原理にする国にしようと考えたのではなかったことだ。国家と宗教を分離する政教分離（世俗主義）の近代国家を目指したのである。これはジンナーの「みなさんがどんな宗教・カースト・信条の者であろうと、それは国家の運営にはなんの関わりもない」という言説によく表れている。興味深いことに、これはインドのネルーの国家と宗教観と同じであり、また南アジアの独立に関わった知識人指導者に共通する考えでもあった。ただ、イスラーム団体やイスラーム学者は、政教一致のイスラーム国家を望んでいたので、これが後の政権で顕在化することになる。

パキスタン・ムスリム連盟政権（一九四七～五七）の経済分野における基本戦略は、政府が経済計画や重化学工業化などで一定の役割を果たしつつも、経済活動の中心は民間企業の自由な活動とされて、外国資本の投資が歓迎された。これは社会主義経済と資本主義経済が混合したもので、インドのネルー政権の「混合経済」と類似するものだった。

パキスタン・ムスリム連盟政権にとって深刻な打撃となったのが、ジンナーがパキスタン独立の翌一九四八年に病死したこと、後継のカーン首相が五一年に暗殺されたことだった。重要指導者を失ったパキスタン・ムスリム連盟政権の国家形成は、ほとんど成果を挙げることなく終わった。

カーン政権の国家形成――「基礎民主主義」と「開発主義国家」

パキスタン・ムスリム連盟政権が弱体化して、民族対立や政党分裂などが起こり政治混乱に陥ると、一九五八年に大統領が憲法を廃止して、議会を解散し、戒厳令を発した。そして、大統領から戒厳令総司令官に任命されたアユブ・カーンが、クーデタで大統領を追放して、実権を握った。パキスタンにおける軍政の始まりである。カーンは、パキスタン・ムスリム連盟を解党させて、新たに政党を創り、それを基盤に選挙を実施して大統領に就任し、形式的に民主政に衣替えした。この軍政から民主政に至る一連の過程は、パキスタンの後の軍政だけでなく、バングラデシュの軍政のモデルにもなった。

カーン政権（一九五八〜六九）の国家形成は、特異な「基礎民主主義」と開発主義国家構築の二つを軸にするものだった。これはタイのサリット政権が、タイ式民主主義を唱えたこと、開発主義国家を構築したことと同じであり、時期もほぼ同じだった。アジア諸国が同じような状況にあったことが分かる。

クーデタの翌年の一九五九年に唱えられた基礎民主主義は、次のような内容からなった。カーンはクーデタを革命と呼び、革命の目的は統治機構の再建と国民の社会経済生活の混乱と不公平をなくすこと、パキスタンに適した民主主義を構築することにあるとした。そのさい、大半の国民が教育を受けておらず、政党政治家も信頼できないパキスタンに議会制民主主義は適合しない、ともした。カーンが考えた議会制民主主義に代わるものが、国民が選出した全国各地の代表者約八万人（農村の有力者が多かった）だけに大統領や議会の選挙権を付与する制度だった。カーンはこれを基礎民主主義と呼び、この制度に基づいて大統領選挙を行い、勝利して大統領に就任した。

経済分野では、実権を握った一九五八年に「発展の一〇年」のスローガンを掲げて経済開発を開始した。主な内容は、開発五ヵ年計画の策定、社会主義の計画経済ではなく、民間企業が主導し、外資も重要な役割を担う資本主義型経済開発からなった。開発に必要な資金は、アメリカからの援助や世界銀行などからの多額の融資を利用した。これがカーン型開発主義国家である。繊維産業を中心に一定の経済成長を達成したことにより、パキスタンは世界銀行から「開発の優等生」と称賛された。

農業の近代化も進められた。一九五九年に西パキスタンを対象に土地改革法を制定して、自作農を創出し、小麦を対象に高収量品種による技術革新の「緑の革命」を推進すると、土地生産性が高まり、農業の近代化が経済発展に寄与した。冷戦がアジアを覆ったなかで、カーン政権は、インドと違って、西側の自由主義国に倣った国家形成を行ったのである。

カーン政権の終焉とバングラデシュの分離独立

他方では、カーン政権は腐敗や縁故主義、国民の貧富格差、東西パキスタンの地域格差などの問題を抱えていた。これが国民の眼に明らかになると、一九六八年に民主化運動が起こった。一九六五年の第二次インド・パキスタン戦争の敗北に加え、東パキスタンの分離独立運動が高まると、六九年にカーンは次の大統領選挙への不出馬を余儀なくされて、カーン政権が終わった。

後継者は陸軍総司令官のヤヒヤ・カーンだった。ヤヒヤ・カーンは大統領に就任すると、戒厳令を敷き、自ら戒厳令総司令官に就任して、一九七〇年に新憲法策定のための総選挙を実施した。議席は人口比率に応じて、東パキスタンに一六二議席、西パキスタンに一三八議席が割り当てられ、全部で三〇〇議席とされた。結果は、東パキスタンの自治要求を掲げたアワミ連盟が一六〇議席（五三パーセント）を獲得し、西パキスタンのパキスタン人民党が八一議席を獲得するものだった。第一党のアワミ連盟が単独で過半数を得たが、ヤヒヤ・カーンは同党に政権を委譲するつもりはなくこれを弾圧すると、東パキスタンで暴動が起こり内戦状態に陥った。そして、一九七一年に東パキスタンの分離独立をめぐって第三次インド・パキスタン戦争が勃発すると、パキスタンは敗れ、バングラデシュが独立し、ヤヒヤ・カーンは責任をとって辞任した。

ブット政権の国家形成――「イスラーム社会主義」と強権統治

ヤヒヤ・カーンが、次の大統領に指名したのがズルフィカール・ブット（一九二七～七九）だった。ブットはパキスタン南部シンド州の貴族大地主出身で、独立運動指導者を父に持ち、カリフォルニア大学とオックスフォード大学で学んだ、社会エリートである。一九五八年にカーン政権の商業相や外相に就いたが、六六年にカーン政権を「民主主義のラベルをつけた独裁政権」と批判して辞任し、翌六七年に社会主義を掲げるパキスタン人民党を創った。

パキスタン人民党は、いまみた一九七〇年総選挙で議会三〇〇議席のうち八一議席を獲得して、西パキスタンで第一党になった。ブットは同年選挙で第一党になったアワミ連盟の分離独立の主張に反対して、ヤヒヤ・カーン政権による弾圧を支持した。ヤヒヤ・カーンがインドとの戦争に敗れて辞任すると、ブットが後継大統領に指名された。政党人が指名されたのは、国民の間で、バングラデシュの分離独立を防げなかった軍人指導者に対する不信感が強かったからである。

ブット政権（一九七二～七七）の国家形成の基本は、イスラーム、政治分野の民主主義、経済分野の社会主義に置かれたが、これはパキスタン人民党が綱領に掲げたイスラーム社会主義、民主主義、非同盟を受けたものだった。一九七三年に憲法を制定し、独立時の政教分離の国家理念から一転して、イスラームを国教と定めた。

ブット政権の国家形成は次のようなものだった。行政分野では、一九七三年に大統領制を議院内閣制に変更して、ブットが首相に就任した。併せて、司法の独立性の確保や軍の政治関与の排除を進めた。経済分野では「イスラーム社会主義」のスローガンのもとで、鉄鋼、自動車、石油化学など一〇の基幹産業と銀行など金融業の国有化、それに農村工業の精米や製粉など幅広い産業分野で国有化を行った。これはカーン政権の経済開発が、特定の民間企業家に富が集中したことへの反省に立ったものだったが、パキスタンで最大の企業群を持つ繊維産業は国有化の対象外とされた。

この成果のうえに行われた一九七七年総選挙で、パキスタン人民党は議会二〇〇議席のうち一五五議席（七八パーセント）を獲得して圧勝し、ブット政権の基盤は盤石になった。また、分離独立にさいして悪化したバングラデシュやインドとの関係も改善された。

しかし、国民や軍の間で、ブット政権への風当たりは強かった。ブットは、バングラデシュが分離独立した後も非常事態宣言を解除しなかったし、辺境地域で発生した民族反乱の弾圧、社会主義化に対する国民の不満、それに大統領に就任後、軍幹部四三人を解任したことへの軍の不満、一九七七年総選挙におけるブット陣営の不正など、強権政治に対する不満と批判がそうである。ブット政権はパキスタン人民党を基盤にしたが、その統治は党派性が極めて強く、野党州首相の解任など、軍政以上に強権統治を行う独裁だったのである。

ズルフィカール・ブット（1927-79）

これもあり、一九七七年総選挙後に野党の反政府暴動が起こると、同年七月に陸軍参謀総長のジアウル・ハックがクーデタを起こして、ブット政権が崩壊した。退任後、ブットは政敵殺害の罪に問われ、一九七九年に処刑された。

ハック政権の国家形成――「イスラーム化」と「開発主義国家」

ハックは実権を握ると、一九七三年制定の憲法を停止し、議会を解散させ、統治制度を再び大統領制に戻して、大統領に就任した。統治制度の点からすると、パキスタンはブット政権前に復帰したことになり、これは指導者が自分に都合のよい制度に変更（操作）したためだった。

ハック政権（一九七七〜八八）の国家形成で注目されるのは、クーデタで倒したブット政権のイスラーム化を継承して、純正なイスラーム化を進めたことだった。イスラーム冒瀆《ぼうとく》罪の導入、飲酒罪に対する鞭《むち》打ち刑などをはじめとして、政治社会分野から教育分野まで広範囲なイスラーム化が行われた。これは独立時のジンナーの政教分離から完全に転換したものであり、また、この時期にインドで「ヒンドゥー・ナショナリズム」が高まったことに対抗したものでもあった。

経済分野では、資本主義に依拠した経済開発を掲げて、ブット政権が行った国有化を否定したが、経済のイスラーム化は継承した。前者は、精米や製粉業の国有化の解除、後者は、無利子銀行などイスラームの理念に沿った金融制度の導入が主なものだった。ハック政権はカーン政権と同様に民間企業重視のもとで高い経済成長を記録したが、その手段はカーン政権と同じ開発主義国家だった。ただ、これに加えて成長には次の外部要因があった。この時期に急増した中東諸国へのパキスタン人出稼ぎ労働者からの送金、隣国アフガニスタンにソ連が侵攻したことからパキスタンに対するアメリカなどからの経済援助や軍事援助が増えたこと、などである。地理的に隣接していることもあり、アジア諸国のなかでパキスタンは、中東諸国やイスラームの影響が最も強い国である。

ハック政権はイスラーム化と経済開発を強権的に進め、一九八五年に政党の参加を禁止したうえで総選挙を実施し、軍政から民主政に衣替えして、長期政権を目指した。しかしハックは一九八八年に不慮の飛行機事故で死亡した。

ベナジール政権の国家形成——民間主導工業化

ハックの事故死後に実施された一九八八年総選挙で勝利したのが、パキスタン人民党を率いるベナジール・ブット（一九五三～二〇〇七）だった。ベナジールはブットの長女で、パキスタン南部のカラチで生まれた。一九六九年からハーバード大学で政治学、七三年からオックスフォード大学で政治学を学び、七七年に帰国した。一九七九年に父が処刑されると、ベナジールもハック政権により自宅軟禁となった。一九八四年に保釈されるとイギリスに亡命し、サッチャー首相の新自由主義の統治手法に感銘を受けて、八六年に帰国し、父が創ったパキスタン人民党の総裁になった。パキスタン人民党は一九八八年総選挙で、議会二五〇議席のうち九三議席（三七パーセント）を獲得し、ベナジールが三十五歳で首相に就任した（ハックの死後、非軍人が大統領に就いて、首相が実権を握った）。これはパキスタンにおける指導者一族の登場であると同時に、イスラーム国家における世界最初の女性指導者でもあった。

興味深いのは、ベナジール政権（一九八八～九〇、九三～九六）が、父とは異なる国家形成を行ったことだった。産業国有化や土地改革といった社会主義路線ではなく、ハック政権の民間主導の経済開発路線を継承したからである。この背景には、新自由主義政策を行ったサッチャーの影響と、ハック政権のもとでパキスタンが経済成長を遂げたことから、それを継承すべきだという判断があったと思われる。

他方でベナジール政権は、発足当初から強大な力を持つ軍との関係に苦慮した。これに加えて、ベナジールの夫のアースィフ・ザルダーリーの汚職をはじめ（ベナジール政権の大臣に就任したザルダーリーは、担当職務関連予算の一〇パーセントを着服したといわれる）、政権関係者の利権追求や腐敗なども顕著だった。何よりもベナジール首相と大統領の不和問題が起こり、一九九〇年にベナジールは大統領に解任されて、その政権（第一次）はほとんど成果を挙げないまま二年弱で終わった。

ベナジール政権の再登場と退場

ベナジールの後継者が、パキスタン・ムスリム連盟シャリーフ派を率いるナワーズ・シャリーフだった。シャリーフはインドに近いラホールで、有力財閥一族に生まれた。パンジャブ大学卒業後、家業に加わり、ハックの事故死後、パキスタン・ムスリム連盟を復活させて、一九九〇年総選挙に勝利して首相になったものである。しかしシャリーフも首相権限の強化を画策したことから大統領と衝突して、一九九三年に解任された。

同じ一九九三年に総選挙が実施されると、パキスタン人民党が僅差で勝利して、再度ベナジールが首相に就任した。再登場のベナジール政権を取り巻く国内外の状況は、国内の民族対立、隣国アフガニスタンで大規模な内戦が勃発するなど厳しいものだったが、国家形成の軸に女性の権利向上や経済の民営化を掲げた。

しかし、ベナジール政権は、またもや党内権力闘争に終始し、大統領との対立も起こり、さらには野党指導者の抑圧も行われた。これもあり一九九六年に政権の汚職スキャンダルが発生すると、ベナジールは大統領に解任された。解任理由は、汚職（スイス企業への便宜供与など）や縁故人事、大統領の軽視、経済失政などで、これは第一次政権とほとんど同じだった。またベナジールの夫のザルダーリーは、汚職と肉親の殺害容疑で逮捕されて、八年間収監された。第一次政権と第二次政権の間で、ベナジール政権の「体質」は何も変わっていなかったのである。

ベナジールは、解任後の一九九七年総選挙で、シャリーフ率いるパキスタン・ムスリム連盟シャリーフ派に敗れると、翌九八年にアラブ首長国連邦のドバイに亡命した。その後、再起を目指して二〇〇七年十月に帰国したが、同年十二月に北部の主要都市ラワルピンディで遊説中に何者かの手で暗殺された。ベナジール暗殺後、オックスフォード大学で学んでいた十九歳の長男ビラーワルがパキスタン人民党総裁に、夫のザルダーリーが総裁代行に就任して、ブット一族の党支配が継承された。

ムシャラフ政権の国家形成――「世俗化」

ハック政権が終わった一九八八年から九九年までの一二年間、ベナジールのパキスタン人民党とシャリーフのパキスタン・ムスリム連盟シャリーフ派が交互に政権を担い、パキスタンでは珍しく民主政が続いた。しかし、民主政は悪化する治安問題に対処できず、政権の腐敗も顕著で、経済が悪化すると、軍政が登場した。

一九九九年に軍人ムシャラフが、シャリーフ政権をクーデタで倒し、翌年にシャリーフを国外追放にした。実権を握ったムシャラフは、クーデタの理由を政党政治家の腐敗を糺す「世直し」にあると唱えた。その後、二〇〇一年に選挙を行い、軍政から民主政に衣替えして大統領に就任した。強権のムシャラフ政権に好都合だったのは、このときパキスタンを取り巻く地域環境が大きく変化したことだった。

パキスタンは一九九八年の核実験、翌年のムシャラフのクーデタにより国際社会で孤立したが、二〇〇一年にアメリカで「九・一一同時多発テロ事件」が起きると、アメリカは同事件に関与したアフガニスタンを攻撃する拠点としてパキスタンを選んだ。これによりムシャラフ政権はアメリカの強い軍事的経済的支援を受けたのである。

ムシャラフ政権（一九九九～二〇〇八）が進めた国家形成は次のようなものだった。政治分野では、シャリーフを追放して指導者不在だったパキスタン・ムスリム連盟を取り込んで与党にして、政権基盤を強化した。経済分野では、民間銀行出身者を首相に任命して経済運営を任せた。宗教分野では、これまでの政権が厳格なイスラーム化を進めたのに対し、ムシャラフは「イスラームは寛容な宗教である」として、イスラーム原理主義者とは一線を画し、身体刑罰も残酷であるとして廃止を提唱した。ムシャラフ政権はこれまでの政権と違い、政教分離の実利主義に立つものだったが、この背景には、ムシャラフが外交官の父の赴任先の政教分離を掲げたトルコで、幼少時を過ごしたことの影響があったと思われる。

ムシャラフ政権の終焉と政党政権の腐敗

パキスタンのイスラーム化を薄めて世俗化を進めたムシャラフ政権は、二〇〇八年に終わった。その原因は、ムシャラフが政府決定に介入した最高裁長官を解任しようと試みて失敗したこと、二〇〇八年総選挙でムシャラフ政権の与党パキスタン・ムスリム連盟が敗れ、前年に暗殺されたベナジールのパキスタン人民党が第一党になり、汚職容疑で投獄した政治家が首相に就任したことなどにあった。野党が大統領弾劾決議を提出すると、ムシャラフは辞任し、後任大統領にベナジールの夫のザルダーリーが選出された（在任二〇〇八〜一三、ただし二〇一〇年の憲法改正で再び議院内閣制になり、実権は首相に移った）。

その後、二〇一三年に亡命先のサウジアラビアから帰国したシャリーフが、同年の総選挙に勝利して首相に就いた（在任二〇一三〜一七）。しかしシャリーフは汚職を追及されて、二〇一七年に辞任を余儀なくされ、翌一八年に公職の永久追放処分を受け、その後、イギリスに亡命した。

このように、軍政が終わった後は、パキスタン人民党とパキスタン・ムスリム連盟シャリーフ派の政権が続いたが、ともに腐敗が顕著だった。ただ、興味深いのは、二〇一〇年の憲法改正で、クーデタを、最高刑が死刑の国家転覆罪と定めたことだった。これが実際に効果を持つかどうかは別にして、軍の政治関与に法的な「歯止め」がかけられたことになる。

小括

アジア諸国のなかでタイは軍の政治関与が顕著で、民主政と軍政が繰り返されるサイクルが続いているが、パキスタンもこの傾向が顕著である。見方によっては、タイ以上に軍の政治関与が強い。その一因は、独立後のパキスタン政治を支配しているのが軍と大地主などの経済有力者であり、実際に、軍人指導者はカーンをはじめとしてハック、ムシャラフと続き、数少ない政党人指導者のブット一族は大地主である。

タイでは経済開発の結果、市民社会と企業家が登場して政治アクターの一員に加わったが、パキスタンは、経済社会構造が急速に変化することが難しいイスラーム社会であることから、これらの政治アクターは未形成である。

そのため、強力な軍に対抗できるのは一握りの政党でしかない。ただ、パキスタン人民党とパキスタン・ムスリム連盟の二つの有力政党があるなかで、パキスタン人民党は創設者のズルフィカール・ブット一族が党首を独占しており、同党は「ブット王朝」と言われている。これが示すように、政党は創設者一族との関わりが強く、腐敗も顕著で、国民の間に広い基盤を持っていない。これを考えると、経済発展などによって社会構造が変化して、別の有力政党など、新たな政治アクターが登場しない限り、軍、それに特定一族の政党を軸にした政治が続くのではないかと思われる。

国家形成の点では、独立時の政権が掲げた政教分離から転換して、一九六〇年代以降は軍人指導者も政党人指導者も、強調の度合いが違うとはいえ、イスラームを基軸に据えるものになった。これは、インドが政教分離から、現在の指導者がヒンドゥー教国化を唱えていることに対応したものと言えるが、その一因は、やはりパキスタンが国民の九六パーセントがムスリムであること、それに、地理的にイスラーム本拠地の中東に隣接する国ということに求められるようである。

第14章　バングラデシュ――ラーマン「インド型社会」

インドの東に位置するバングラデシュ（ベンガル人の国の意味）は、歴史的にインドと一体だったが、一九四七年の独立にさいして、ヒンドゥー教徒が多数を占めるインドに反発して、パキスタンの一部の東パキスタンとして独立した国である。しかし、西パキスタンよりも人口が多い東パキスタン（ベンガル人とベンガル語）は、西パキスタン（パンジャブ人とウルドゥー語が支配的）の政治的軍事的支配に反発して、一九七一年に分離独立運動を起こした。

インドから分離するときは「イスラーム」がキーワードだったので、東西パキスタンに齟齬《そご》はなかったが、独立後の国家形成の過程で、民族と言語の違いが表面化したのである。これを原因に分離独立戦争が起こり、軍事力の点では西パキスタンが優勢だったが、パキスタンの分裂と弱体化を歓迎するインドが、東パキスタンを支援したことで分離独立戦争に勝利して、独立国家になったものである。

独立すると分離独立運動を主導して、アワミ連盟を創ったムジブル・ラーマンのもとで、インド型の社会主義を目指す国家形成が始まったが、政治社会が不安定なことからクーデタが起こり、ラーマンは殺害された。この結果、もう一人の独立功労者である軍人ジアウル・ラーマンが指導者になり、バングラデシュ民族主義党を創り、イスラーム化を前面に出した国家形成を進めた。しかし、再度クーデタが起こり、ジアウルも殺害された。その後、軍政を経て一九九一年以降は、アワミ連盟とバングラデシュ民族主義党の創設者一族が、ほぼ交互に政権を担い、現在に至っている。この点で、バングラデシュはアジアのなかでも、政党を軸にした指導者一族現象が極めて色濃い国と言える。

本章は、アワミ連盟とバングラデシュ民族主義党の指導者一族を中心に、軍人政権を含めたバングラデシュの国家形成と混沌がどのようなものか、その過程と課題をみることにする。

ムジブル・ラーマンのバックグラウンド

分離独立運動で主導的役割を果たしたのが、政党のアワミ連盟で、その指導者がムジブル・ラーマン（一九二〇〜七五）である。ラーマンはイギリス植民地政府の下級役人の子に生まれ、一九四〇年に全インド・ムスリム連盟に参加して政治活動を開始した。一九四七年にパキスタンが独立すると、東パキスタン・ムスリム学生連盟を組織し、四九年にアワミ・ムスリム連盟（五五年にアワミ連盟に改称）を組織して副書記長となり、五五年に書記長に就いた。

ベンガル語を母語とするベンガル社会の一員のラーマンは、ウルドゥー語などを話す西パキスタン社会が主導権を握る政府に対して、ベンガル語の国語化やベンガル人の民族権利擁護運動を行った。この背景には、パキスタン全体としてみると、ベンガル語話者が国民の半数近くを占めるにも

ムジブル・ラーマン（1920-75）

かかわらず、政府が、話者が一〇パーセントにも満たない、イスラームやペルシア語やアラビア語と密接な関連があるウルドゥー語の国語化を進めたことがあった。主張が受け入れられないことが分かると、ラーマンは一九六六年に東パキスタンの自治権拡大要求を行った。

この要求に対して、軍政のカーン政権だったこともあり、ラーマンは弾圧されて、合計で五回逮捕された。一九六九年にカーン政権が崩壊すると戒厳令が布かれたが、新大統領は東パキスタンの自治権要求を融和する目的で総選挙を実施した。一九七〇年に実施された総選挙で、アワミ連盟は三〇〇議席のうち一六〇議席（五三パーセント。東パキスタンに割り当てられた議席は一六二議席であった）を獲得して第一党になったが、大統領はアワミ連盟が政権を創ることを拒否して弾圧した。翌一九七一年に多くのベンガル人が虐殺され、同年三月にラーマンは逮捕されて死刑判決を受けた。

しかしラーマンが獄中にあるなかで、一九七一年三月に軍人ジアウル・ラーマンが、ムジブル・ラーマンの名のもとに独立宣言して、分離独立戦争が始まった。大量難民の流入を理由にインドが介入すると、インドとパキスタンの間で戦争が起こり（第三次インド・パキスタン戦争）、パキスタンは一週間で敗れて無条件降伏した。バングラデシュは一九七一年十二月に独立し、釈放されたラーマンは「建国の父」と呼ばれた。

ラーマン政権の国家形成――ネルー型の「社会主義型社会」と混乱

バングラデシュは、国民の約九〇パーセントをムスリムが占めているが、ラーマン政権（一九七二～七五）の国家形成は、民族主義、社会主義、民主主義、政教分離主義という四原則が掲げられ、これは一九七二年に制定された憲法に明記された。この四原則は、インドのネルー政権の政教分離と社会主義型社会の建設に倣ったものであり、新生国家バングラデシュの国家形成は、独立を支援したインドがモデルとされたのである。ただ問題は、この頃インドの社会主義型社会の建設がほぼ破綻していたことで（ネルーは一九六四年に死去した）、バングラデシュも苦難の道を歩むことになる。

憲法制定の翌年、一九七三年に最初の総選挙が実施され、アワミ連盟が議会三〇〇議席のうち二九二議席（九七パーセント）を獲得して圧勝、一党支配体制が現出した。総選挙結果から、国民の間で、いかにラーマンの人気が高かったかが分かる。この強力な政治基盤のうえにラーマン政権は、戦闘で荒れた国土の復興、インフレ、失業、食糧不足などに苦しむ経済の再建、それに行政組織の整備などに取り組んだ。また社会主義化の一環として、いくつかの企業の国有化を行った。しかし、バングラデシュが直面する問題を解決できなかっただけでなく、物価高騰、洪水被害、救援物資の横流しなどで国民生活が苦境に陥ると、ラーマン政権への信頼が大きく揺らいだ。

ラーマンは国家形成が行き詰まると、議会の絶対多数と自らのカリスマ性に依拠した強権手法による国家形成へと転換した。一九七四年に非常事態宣言を発令し、翌七五年に憲法を改正して大統領制に変え、指導者に強大な権限を与えた体制を創り上げた。新体制は、議会の権限を低下させており、実質的にアワミ連盟を基盤にしたラーマンの独裁と言えるものだった。

しかしラーマン政権の国家形成の失敗と独裁化は、軍など反対勢力の批判と反発を招いた。一九七五年八月に軍の若手将校がクーデタを起こし、ラーマンと親族は殺害された（後に首相になる長女ハシナは国外に滞在して難を逃れた）。国民の歓喜のなかで誕生したラーマン政権は、わずか三年半程で幕を閉じたのである。

ジアウル政権の国家形成――社会主義化の否定とイスラーム化

ラーマン暗殺後、政治混乱を収拾して実権を握ったのが、分離独立戦争功労者の一人でもあった陸軍参謀総長ジアウル・ラーマンだった。ジアウル・ラーマン（以下では、ジアウルと表記する）は、一九七六年十一月に戒厳令総司令官に就任し、翌年、大統領選挙を行い、勝利して大統領に就任した。

ジアウルは一九七八年に政党活動を容認し、自らバングラデシュ民族主義党を創設して、総選挙に臨んだ。翌一九七九年に実施された総選挙で、バングラデシュ民族主義党が議会三一〇議席のうち二〇七議席（六七パーセント）を獲得したのに対し、アワミ連盟は三九議席にとどまった。勝利するとジアウルは、戒厳令と非常事態宣言を撤廃して、民主政に衣替えした。

興味深いのは、ジアウル政権（一九七五〜八一）の国家形成は、ラーマン政権のそれを全面的に否定したもの、すなわち社会主義型社会の放棄、イスラーム化の二つが軸とされたことだった。この基本方針のもとで、ラーマン政権で顕著だった汚職や密輸が摘発され、食糧生産も増えて国民生活がいくぶん安定した。イスラーム化は、ラーマン政権の政教分離の国家原理を否定して、憲法に「全知全能のアッラーへの絶対的な信頼と信仰、民族主義、民主主義、経済・社会正義を意味する社会主義」の文言が挿入された。経済も、ラーマン政権から一転して、自力更生を掲げ、その方策として、社会主義型ではなく民間資本を活用する資本主義型経済を採用し、ラーマン政権が国有化した企業の払い下げを行った。外交では、インドではなく、親パキスタン・中国を基本に据えた。

順調に進むかに思われたジアウル政権であったが、軍を掌握することができなかった。クーデタ未遂事件は二一回に及び、事件に関与した八〇〇人の将校が処刑された。政権が交代しても政情不安は全く変わっていなかったのである。一九八一年に軍内部の対立からクーデタ未遂事件が起こると、ジアウルは暗殺された。

エルシャド政権の国家形成——軍の支配と「反アワミ連盟」

ジアウル暗殺後の混乱事態を収拾して、一九八二年三月にクーデタで権力を握ったのが陸軍参謀総長のエルシャドだった。エルシャドは、当初は戒厳令総司令官として統治したが、一九八三年に人民党を創り、八六年総選挙で国民党（人民党から改名）が議会三〇〇議席のうち一五三議席（五一パーセント）を獲得、アワミ連盟が七六議席で（バングラデシュ民族主義党はボイコットした）、エルシャドが大統領に就任した。クーデタで実権を握った軍政が、その後、政党を創って総選挙を実施して民主政に衣替えした点は、ジアウル政権と同じである。アワミ連盟とバングラデシュ民族主義党がボイコットした一九八八年総選挙でも、国民党は圧勝した。

エルシャド政権（一九八二〜九〇）の国家形成の基本は、軍の支配とイスラーム化に置かれたが、これもジアウル政権とほとんど同じだった。このうち後者については、一九八八年に憲法を改正して、イスラームを国教にすることが明記された。エルシャド政権はアワミ連盟を政敵とみなし、ラーマン政権の政教分離の国家形成を全面的に否定して、イスラームを前面に出したのである。

しかし、一九八〇年代後半にアジア各地で民主化運動が高まると、バングラデシュでもアワミ連盟とバングラデシュ民族主義党が主導する民主化運動が起こり、九〇年にエルシャドは辞任を余儀なくされた。この背景には、エルシャドが、ムジブル・ラーマンやジアウル・ラーマンのように、分離独立戦争を指導した経歴を持たないことがあった（指導者の正統性の欠如）。

ジア政権とハシナ政権の国家形成――政権の党派的争奪戦

エルシャド辞任後の一九九一年に総選挙が実施されると、アワミ連盟とバングラデシュ民族主義党が競い、勝利したのは議会三〇〇議席のうち一四二議席（四七パーセント）を獲得したバングラデシュ民族主義党だった（アワミ連盟は八〇議席）。同党は創設者のジアウル・ラーマンの暗殺後、夫人のカレダ・ジアが党首に就いており、ジアが首相に就任した。注目されるのは、同年の総選挙がこれ以降、アワミ連盟とバングラデシュ民族主義党が、ほぼ交代で政権を担う「二大政党時代」

の幕開けになったことである。

ジア政権（一九九一～九六）の国家形成は、軍政色が強いバングラデシュ民族主義党を民主的政党に衣替えすること、それに民主政と軍政が交互に続く悪循環を断って民主政の安定化に置かれた。また、一九九一年に統治制度が再度、議院内閣制（首相）に改められた。

次の一九九六年総選挙では、議会三三〇議席のうちアワミ連盟が一七七議席（五四パーセント）を獲得して第一党になり、バングラデシュ民族主義党は一一三議席に終わった。同年総選挙でアワミ連盟を率いたのが、初代首相ラーマンの長女シェイク・ハシナ（一九四七～）だった。ハシナは一九七五年に父がクーデタで殺害されたとき、西ドイツに滞在していて難を逃れ、その後、インドで亡命生活を送り、八一年に帰国してアワミ連盟党首になった。エルシャド政権が誕生すると、軍政反対運動を行ったために再三軟禁されたが、一九九六年総選挙に勝利して首相に就任した（在任一九九六～二〇〇一）。

次の二〇〇一年総選挙ではバングラデシュ民族主義党が勝利して、ジアが再度首相に就任し（在任二〇〇一～〇六）、そして、二〇〇八年総選挙ではアワミ連盟が勝利して、ハシナが首相に就任した（在任二〇〇九～一三、一四～二四）。

このように一九九一年以降は、バングラデシュ民族主義党とアワミ連盟が、ほぼ交互に政権を担う状態が続いた。しかし、二〇一八年にハシナ政権がジアを収賄罪で起訴し、ジアが実刑判決を受けて収監されたことが示すように、バングラデシュの政党政治は、政権を獲得するために、ライバル政党に打撃を与える党派性が強いことを否定できない。

これを何よりも語るものとして、「ホルタール政治」が挙げられる。これは半強制的ゼネストのことで、その目的は、野党が政権党を倒すためにゼネストによって社会を混乱させて、無理矢理に政権交代を強いることにある。具体的には、ゼネストの日と地域を指定して学生組織を使って道路をバリケードなどで封鎖し、閉店しない店舗に対して暴力的に強制することが行われている。問題は、両党ともに政権にある時はホルタール政治を非難するが、ひとたび野党になるとホルタール政治を利用することにある。そして、これとセットになった野党の戦術が、勝利する可能性が低いとみると総選挙をボイコットすることである。

両党の過熱する選挙戦を冷却して、選挙での公正を確保するために、内閣が総辞職した後は、非政党人などによる選挙管理内閣が創られるようになった。実際に一九九六、二〇〇一、〇六～〇七、〇七～〇八、一三～一四年と五回も創られた。また、二〇〇七年には選挙管理内閣が、バングラデシュ民族主義党党首のジア、アワミ連盟党首のハシナらを、収賄や暴力的な献金強制などの容疑で逮捕・収監する事態となった。これは政党政治が機能不全に陥ったことを意味した。

ハシナ政権の崩壊

二〇二四年にハシナ政権が崩壊したが、その経緯は次のようなものだった。ハシナ政権は縫製業を振興して一定の経済成長を遂げたが、政治は、野党など政府批判派を弾圧する権威主義化を強めた。弾圧を象徴した出来事が、ムハマド・ユヌスに対する政治的圧力だった。ユヌスは、貧民を支援するNGOのグラミン銀行の創設者で、この活動によりノーベル平和賞を受賞しているが、ユヌスが政権批判を強めて政治進出を図ると、二〇二四年一月に政府の影響下にある裁判所が、ユヌスに対して労働法違反の容疑で禁錮六ヵ月の判決を言い渡し、ユヌスはフランスなどに逃れた。このようななか、二〇二四年七月に就職難に苦しむ学生が、独立戦争に従事した兵士の家族を対象に、公務員採用枠の三割を振り当てる制度の廃止を求めると、ハシナ政権は拒否し、学生デモ隊と治安部隊が衝突して、八月初頭までに三〇〇人を超える死者が出た。怒った学生が首相公邸を占拠すると、ハシナはインドに亡命して政権が崩壊した。その後、軍が介入して暫定政権が創られ、暫定政権の最高顧問に、学生が要望した八十四歳のユヌスが就いた。ユヌス暫定政権の行方は定かではない。

小括

バングラデシュは一九七一年の独立から五〇年以上が経過したが、この間、指導者は、「建国の父」のムジブル・ラーマン一族、軍人出身のジアウル・ラーマン一族、それに独立時から現在も強い影響力を維持する軍人の三者だけである。極論すると、二つのラーマン一族と軍がバングラデシュの政治アクターになる。そこでは、宗教団体、学生団体、農民団体、市民社会、NGO、企業家などは、存在しても自律的な政治アクターではない。実際には、これらの組織はアワミ連盟とバングラデシュ民族主義党の「傘下」にあり、ホルタール政治の実行部隊になっている。

国家形成の点では、アワミ連盟が政教分離、バングラデシュ民族主義党がイスラーム国家を目指して、全く違う。そのため、バングラデシュは二つの政党が自分たちの掲げる国家形成を実現するために競い、交互に政権を担って政党政治が機能しているようにみえる。しかしこれは表層的なものであり、実態は選挙に勝利した政党が国家資源を自分たちの陣営で独占する「勝者総取りゲーム」でしかない。つまり、政党は国民から遊離した「利益集団」であり、選挙は利益を獲得するための手段になっている。

アジア諸国のなかで、バングラデシュはＮＧＯなどの活動が活発である。これは裏からみれば、政党政府に国民生活の保護や改善が期待できないことから、政府に代わって国民の生活を支援する要素が強いのである。この点で、バングラデシュの政党は韓国やフィリピンとは違った意味の問題を抱えていると言える。

第15章　スリランカ――バンダーラナーヤカ「シンハラ・オンリー政策」

スリランカはインドの南端に浮かぶ島国である。インドはヒンドゥー教徒が多数派の国、パキスタンとバングラデシュはムスリムが多数派の国であるなかで、スリランカは仏教徒のシンハラ人が多数派の国であることが特徴である。とはいえ、スリランカにも少数派ながらヒンドゥー教徒とムスリムのタミル人がおり、マレーシアと並んでアジアを代表する多民族社会である。このうち多数派のシンハラ人は紀元前に北インドから移民したもの、少数派のタミル人は大半が三世紀頃に南インドから移民したものである。一九七〇年代になると仏教徒のシンハラ人とヒンドゥー教徒のタミル人の間で悲惨な民族紛争が勃発して、これがスリランカの国家形成に強く影を落とした。

イギリス植民地になったスリランカの独立運動を主導したのは、インドが英語教育エリートが創った国民会議派だったのと同様、英語教育エリートが創ったセイロン国民会議派だった。独立すると同党の後継政党の統一国民党が政権を担い、民族平等の国家形成が始まった。しかしシンハラ人の民族意識が高まると、それに支持されたスリランカ自由党が政権を握り、シンハラ人の民族価値を軸にする国家形成へと転換した。これによりシンハラ人の結束が強まったが、少数民族タミル人の民族価値を排除するものだったことから、熾烈な民族紛争の原因になった。現在、民族紛争は解決したが、シンハラ人を優遇するシンハラ・オンリー政策は続いている。

本章は、統一国民党政権とスリランカ自由党政権の国家形成がどのようなものか、それに民族紛争がスリランカの国家形成をどう規定したのか、二つの政党を創ったセーナーナヤカ一族とバンダーラナーヤカ一族を中心にみていく。なお、国名がスリランカとなったのは一九七二年のことで、それ以前はセイロンと呼ばれたが、本章はスリランカで統一する。

セーナーナヤカ政権の国家形成——民族平等

一九四八年に独立すると政権を担ったのが、セイロン国民会議派を継承して四六年に創られた統一国民党で、その指導者がドン・ステファン・セーナーナヤカ（一八八四～一九五二）だった。セーナーナヤカは、一九一二年に兄に誘われて禁酒運動に参加し、社会改革運動に携わったことで独立運動に参加した。一九三一年にイギリス植民地政府の農業相に就任すると、セイロン島北部の灌《かん》漑《がい》システムを普及させて、同地に農民を移住する事業に力を注いだ。

第二次世界大戦後、セーナーナヤカは独立政権を決める一九四七年総選挙に統一国民党を率いて参加した。統一国民党は議会九五議席のうち四二議席（四四パーセント）を獲得して第一党になり、翌年に独立すると、セーナーナヤカは首相（国防相と外相も兼務）に就任した。

セーナーナヤカ政権（一九四八～五二）の国家形成の基本は、内政ではシンハラ人とタミル人の民族平等政策、外交は親欧米諸国に置かれた。この基本政策のもとで、イギリス植民地時代の紅茶栽培などを中心にしたモノカルチャー経済からの脱却と、島内の乾燥地への入植事業に力を注いだ。

一九五二年にセーナーナヤカが死亡すると総選挙が実施され、長男のダドリー・セーナーナヤカが統一国民党を率いて、議会九五議席のうち五四議席（五七パーセント）を獲得して首相に就任した。最初の指導者一族の誕生である。ダドリー政権（一九五二〜五六）は、父のセーナーナヤカ政権の国家形成政策を継承したが、四年後の一九五六年総選挙でシンハラ民族主義を掲げたスリランカ自由党に敗れ、セーナーナヤカ一族の政権が終わった。

バンダーラナーヤカ政権の国家形成――「シンハラ・オンリー政策」

セーナーナヤカ政権の民族平等の国家形成に反発したのが、ソロモン・バンダーラナーヤカ（一八九九〜一九五九）だった。コロンボで大農園主を父に長男として生まれ、父はイギリス植民地政府の先住民行政の最高責任者を務めた。バンダーラナーヤカはオックスフォード大学で学び弁護士の資格を得たが、これはネルーなどインドのエリートと同じである。一九二五年に帰国後、セイロン最高裁判所裁判官を務め、翌年にセイロン国民会議派に参加した。一九三一年にイギリス植民地政府議会議員に当選し、三六年に地方自治相になった。

一九四八年にセーナーナヤカ政権が誕生すると、バンダーラナーヤカは保健・地方自治相に就いたが、五一年に辞任した。辞任した理由は、民族意識が強いバンダーラナーヤカが、セーナーナヤカ政権の民族平等政策に反発したことにあった。辞任した一九五一年に、シンハラ民族主義を掲げるスリランカ自由党を結成して（同党は三六年にバンダーラナーヤカが、シンハラ人の民族文化を深め

ソロモン・バンダーラナーヤカ
（1899-1959）

るために創ったシンハラ・マサ・サバ党を継承したもの）、五六年総選挙に臨んだ。結果は、スリランカ自由党が議会九五議席のうち五一議席（五四パーセント）を獲得して第一党になり、バンダーラナーヤカが首相に就任した。

　バンダーラナーヤカが勝利した背景には、独立後、国民の政治参加が広まると、セーナーナヤカ政権の民族平等政策に不満が高まったことがあった。この国民意識を背景に、バンダーラナーヤカは一九五六年総選挙で、シンハラ語を唯一の公用語（それまでタミル語も公用語だった）にするなど、シンハラ人優先主義（シンハラ・オンリー政策）を掲げてシンハラ人大衆に訴えたのである。とりわけシンハラ・オンリー政策の仏教を優先する姿勢は、急進的仏教徒の強い支持を得た。同年選挙でスリランカ自由党が勝利したことの意味は、スリランカがエリート政治から大衆政治へ、民族協調主義からシンハラ急進主義へと転換したことにあった。

　バンダーラナーヤカ政権（一九五六～五九）の国家形成は、シンハラ・オンリー政策を軸に、前政権の農業振興策に代えて、輸入代替型工業化に重点が置かれた。そして、シンハラ・オンリー政策に少数派タミル人が反発し、民族対立が激化して暴動が発生すると、バンダーラナーヤカは非常事態宣言を発令して抑圧した。他方では、地方レベルでタミル語の使用を認める法制化を行うなど、抑圧と融和策の使い分けを行った。また、バス会社やコロンボ港の国有化、カースト制度による差別を禁止する法律の制定など、インドのネルー政権と同様、社会主義化と国民の平等化を行う政策を進めた。

バンダーラナーヤカは、シンハラ・オンリー政策によって現在のスリランカの原型を創ったが、一九五九年に自宅で過激派仏教僧の手で暗殺され、その統治はわずか三年程で終わった。

シリマボ政権とクマラトゥンガ政権の国家形成——社会主義化とシンハラ・ナショナリズム

バンダーラナーヤカが暗殺されると、夫人のシリマボ・バンダーラナーヤカ（一九一六～二〇〇〇）がスリランカ自由党総裁に就任し、一九六〇年総選挙に勝利して首相に就任した。これは、二つめの指導者一族の登場であると同時に、世界で最初の女性首相でもあった。

シリマボは、スリランカが植民地になる前の最後の王朝国家キャンディ国の貴族出身で、コロンボのカトリック系女学校で学び、一九四〇年にバンダーラナーヤカと結婚した。一九六〇年にシリマボ政権が始まったが、六五年総選挙に敗れて、勝利した統一国民党との政権交代が起こった。しかし一九七〇年総選挙でスリランカ自由党が勝利して、再度シリマボが首相に就いた。指導者の再登場は、奇しくもインドのインディラ、パキスタンのベナジール、それにバングラデシュの二人の女性指導者と同じである。

シリマボ政権（一九六〇～六五、七〇～七七）の国家形成は、夫が掲げたシンハラ・ナショナリズムと社会主義型経済政策を継承するものだった。一九七二年に新憲法を制定して、イギリス自治領から共和国に、国名をセイロンからスリランカに改め、シンハラ語を唯一の公用語と定め、仏教に特別の地位を与えた。シリマボ政権はシンハラ・オンリー政策をさらに深化させたのである。一九七五年には社会主義化の一環として、スリランカの主要産業で、イギリス植民地時代に始まった紅茶、ゴム、パーム油などの国有化を行った。

しかし、一九七七年総選挙でスリランカ自由党は、統一国民党に敗れ、野党議員になったシリマボは、七九年に公民権を剝奪されて議席を失った。とはいえ、シリマボの政治家としてのキャリアはこれで終わりではなかった。再起の経緯は次のようなものだった。

一九七八年に政治制度が議院内閣制から大統領制に変更され、九四年に実施された大統領選挙に、シリマボの次女のチャンドリカ・クマラトゥンガが勝利して、大統領に就任した。クマラトゥンガは、パリ大学で開発経済学と政治学を学んだ経歴を持つ。クマラトゥンガ政権（一九九四～二〇〇五）は、娘のクマラトゥンガが大統領に、母のシリマボが首相に就任して、母娘で政権を担うものだったのである。

クマラトゥンガは一九九九年大統領選挙でも再選されたが、ただ、二〇〇一年総選挙でスリランカ自由党が敗れ、統一国民党の首相が誕生すると、困難な統治を強いられた。多数派のシンハラ人と少数派のタミル人の民族紛争が激化し、クマラトゥンガ政権はタミル人穏健派の要求に応えて自治を与える一方で、タミル人武装勢力に強硬策で臨んだが、二〇〇四年にはクマラトゥンガが、武装勢力の爆破事件で左目を失明する事態が起きている。

スリランカ社会を引き裂いた民族紛争

スリランカは一九八〇年代になると、シンハラ・オンリー政策に反発する少数派タミル人の運動が、当初の議会の場における戦いから、七六年にタミル・イーラム解放の虎と改名した武装組織による分離独立闘争へとエスカレートした。これ以降、政府軍とタミル人武装勢力軍の戦闘、それに、これを上回る民間のシンハラ人とタミル人の殺戮《さつりく》が国内各地で起こり内戦状態に陥った。一九八三〜二〇〇二年の犠牲者は八万人にも上り、一九九一年にはタミル人難民がインドに二一万人、欧米諸国に二〇万人にも達した。

この数字が語るように、シンハラ人とタミル人の民族価値と分離独立をめぐる民族紛争は、クマラトゥンガ政権がそうであるように、指導者にとって国家形成における最大の難問となった。統一国民党政権の一九八七年にはインドが紛争仲介に乗り出し、インド平和維持軍が派遣され、激烈な戦闘が続いたセイロン島北部地域で九〇年まで治安維持にあたった（タミル人の居住地域と武装勢力の拠点は北部地域だった）。同じ一九八七年には紛争解決のために憲法が修正されて、タミル語も公用語になり、タミル人融和策が採られた。

しかし、一九九一年にインドのラジブ元首相がタミル人過激派によってインド南部のタミルナドゥ州で遊説中に暗殺された事件、九三年にクマラトゥンガの前任大統領が自爆テロで殺害された事件が示すように、武力紛争はエスカレートする一方だった。スリランカの民族紛争は世界的関心を集め、二〇〇二年にノルウェー政府の仲介で無期限停戦が実現したが、紛争解決には至らなかった。

悲惨な内戦となった民族紛争は、二〇〇九年の政府軍によるタミル人武装勢力の制圧によってようやく終結した。この背景には、武装勢力のタミル・イーラム解放の虎が話し合いを拒否して、武力闘争一本槍の頑《かたく》なな方針をとったため、この方針を批判する仲間の民間タミル人（やインド人）に対するテロも辞さなかった強硬路線が多くのタミル人の支持を失い、孤立したことがあった。

ラジャパクサ兄弟政権の国家形成――武装勢力の鎮圧と腐敗

タミル人武装勢力を鎮圧したのが、クマラトゥンガの後任大統領のマヒンダ・ラジャパクサだった。ラジャパクサは、シンハラ人の仏教徒を両親に生まれ、父は独立運動指導者の一人だった。コロンボのサースタン大学などで学び、二十五歳のときにスリランカ自由党から議会選挙に出馬して当選した。その後、労働・職業訓練相などを務め、二〇〇四年にクマラトゥンガ政権の首相に就任した。そして、憲法の三選禁止規定により出馬できないクマラトゥンガに代わり、ラジャパクサが二〇〇五年大統領選に出馬して当選したものである。

ラジャパクサ政権（二〇〇五～一五）は、民族紛争の鎮圧を国家形成の最大の目標に掲げ、タミル人武装勢力に強硬姿勢で臨んだ。就任した二〇〇五年に非常事態令を発令し、翌〇六年に再燃した内戦で、中国やパキスタンの軍事支援を受けて、〇九年に武装勢力を鎮圧した。約三〇年続いた紛争を終結させたラジャパクサは、シンハラ人の間で国民的英雄になり、この名声によって二〇一〇年大統領選で再選されると、翌一一年に非常事態令を解除し、表面上は民族紛争が解決したのである。

その後、ラジャパクサは三選禁止の憲法を改正して、二〇一五年の大統領選挙に出馬したが、これは独裁者の常套手法である。しかし、強権と縁故主義的で独裁的な統治、インフラ開発における汚職、それにインフラ開発が多額の外国融資で賄われたことから、「借金漬け外交」を批判され、対立候補に敗れた。

四年後の二〇一九年大統領選挙では、ラジャパクサの弟で前国防次官のコーターバヤ・ラジャパクサが当選した。コーターバヤはコロンボの大学卒業後、一九七一年に陸軍に入り、タミル人武装勢力を鎮圧する任務に当たった。その後、軍を退役してIT産業に関わり、一九九八年にアメリカに移住したが、二〇〇五年に帰国、兄のラジャパクサ政権の国防次官に任命され、二〇一九年大統領選挙で民族主義、経済発展、国家安全保障を掲げて当選したものである（コーターバヤは議会議員の経験がない最初の大統領だった）。スリランカに新たな指導者一族が加わったのである。

コーターバヤ政権（二〇一九〜二二）は、外交では前政権のインド寄りから、親中国を鮮明にし、インフラ開発を中国企業に依存する政策をとった。これは中国・習近平政権の「一帯一路」を受けたものである。しかし、問題は内政にあった。民族紛争とその鎮圧は、すでに「過去」のものになり、国民の関心は現在の生活にあった。国民の眼からすると、コーターバヤ政権は兄のマヒンダ元大統領を首相に任命するなど、四人の親戚を入閣させて、身内贔屓《びいき》と腐敗が顕著なものとして映ったのである。

二〇二二年にスリランカが経済危機に直面して、計画停電が行われるなど国民生活が苦境に陥ると、一部の国民が大統領公邸を包囲して騒然とした事態になった。コーターバヤは非常事態宣言で乗り切ろうとしたが、大統領と首相を除いた閣僚全員（すなわち、ラジャパクサ兄弟以外の閣僚）が辞任したために、非常事態宣言の撤回に追い込まれた。大統領辞任を求めるデモ隊が大統領公邸内に乱入して占拠すると、コーターバヤは家族とともにモルディブ経由でシンガポールに逃れ、こうして政権が崩壊したのである（大統領の辞任表明は外国から行われた）。これはフィリピンのマルコスのハワイ逃亡劇と同様の光景だった。

小括

スリランカの国家形成は、統一国民党とスリランカ自由党の二つの政党の指導者を軸に行われた。この二つの政党の内容は、統一国民党が民族平等、スリランカ自由党がシンハラ・オンリー政策を軸にするもので全く違う。指導者一族の観点からみると、統一国民党がセーナーナヤカ一族、スリランカ自由党がバンダーラナーヤカ一族になり、近年はラジャパクサ一族が加わった。これはアジア諸国で、フィリピンと同様、指導者一族が最も多い国に属する。

スリランカの国家形成の特徴として、何よりも「シンハラ・オンリー政策」が挙げられる。これは、スリランカは民族や宗教や言語が異なる集団からなる多民族社会だが、多数派シンハラ人の仏教とシンハラ語を国家原理にする政策である。一九五六年総選挙でスリランカ自由党が勝利した要因は、この政策がシンハラ人大衆にアピールしたことにあったが、同時にタミル人武装勢力の闘争が激化した原因も、シンハラ・オンリー政策にあったのである。

見方によっては、スリランカの国家形成はシンハラ・オンリー政策を軸に展開された、と言うことができる。アジアではマレーシアがスリランカと並ぶ多民族社会の代表であり、一九七〇年代に、経済社会的劣位にあるマレー人の地位向上を目的に、マレー人を優遇する「ブミプトラ政策」を打ち出したが、これはシンハラ・オンリー政策とほぼ同じ構図である。

このことは多民族社会では、指導者が国民多数派の民族価値を軸にした国家形成を進める傾向が強く、また同時に、少数派民族の反発を招いて民族紛争が起こることが避けられないことを語っている。ブミプトラ政策と同様、シンハラ・オンリー政策も「半永久的」に続くのかという疑問が湧くが、これは民族と政治の問題であり、解答を出すのは極めて難しいと言うしかない。

*
*
*
*

補章　日本——自由民主党と池田勇人「所得倍増計画」

アジアの東端に位置する日本は、古代国家が登場したときから一貫して中国の政治と文化の強い影響を受けた。十九世紀中頃に欧米諸国が徳川幕府に開国を迫ると、軍事力で対抗できないことから開国を余儀なくされ、これを契機に徳川幕府が崩壊して、天皇を国家元首に立憲君主制の明治国家になった。

明治政府は独立を維持するために、西欧諸国に倣った近代化を断行し、国家モデルを中国から西欧諸国に替えて、富国強兵と殖産興業の国家形成を進めた。そして、軍事的に強大になるとヨーロッパ諸国と同様に、アジアの植民地化を目指し、台湾や朝鮮を植民地にし、東南アジアを占領した。しかし第二次世界大戦に敗れて、アジア支配の試みは終わった。

一九四五年にアメリカが主導する占領行政が始まり、日本の非軍事化と民主化が進められた。これによって民主主義国になると、国家形成の目標を平和国家の建設と経済立国に置いたが、これは世界でもユニークなものだった。そして、一九六〇年代になると、安定的な政治社会を基盤に目覚ましい経済発展を遂げて、アジアで最大の経済大国になり、経済援助や直接投資などを中心にアジアと密接に関わった。

一九九〇年代以降、日本経済は停滞した。二〇〇〇年代になると中国などアジア諸国が著しい経済発展を遂げた。現在、アジアにおける日本の存在感が弱まり、日本とアジアの関係は岐路に立っている。

本章は、第二次世界大戦後、日本がどのように民主化されたのか、平和国家と経済立国を目標に掲げた自民党政権が、経済開発を軸にどのような国家形成を行い、アジアと関わったのか、簡単にみる。

アメリカ占領行政のもとでの民主化

第二次世界大戦で敗戦国になった日本は連合国に占領されて、一九四五年九月～五二年四月末まで、連合国総司令部の間接統治下に置かれた。アメリカを主体にする総司令部は、日本が二度と戦争しないようにすることを目的に、軍事裁判などによる戦争犯罪者の処刑や公職追放などを行い、民主化改革を徹底的に進めた。

民主化は、主権在民（国民主権）、これとセットになった、明治国家のもとで神とされていた天皇の人間宣言（象徴天皇制）、平和主義、人権尊重と戦争放棄を軸にした憲法の制定、軍国体制を支えた三井・三菱など財閥の解体、地主を追放して貧しい小作農などに土地を持たせる農地改革、ストライキ権など労働者の権利の保障、女性参政権、教育改革など、全面的なものだった。外部勢力が主導した改革だったとはいえ、政治、経済、社会などの分野で民主主義の理念や制度が整備されて、国民はこれを受け入れた。このことは、国民が軍国体制に不満を持っていたことを語っている。

総司令部は日本の非軍事化を進めたが、一九五〇年に朝鮮半島で分断国家の韓国と北朝鮮の統一をめぐる戦争が勃発すると、部分的な方針転換を行った。冷戦がアジアを覆うなかで、日本をアジアにおけるアメリカ陣営の同盟国にすることがそうで、この一環として警察予備隊（現在の自衛隊）が創られて、日本は最小限の軍事力を持った。

一九五一年にアメリカのサンフランシスコで、第二次世界大戦のさいに日本と交戦した国と講和会議が開催された。社会主義国を除いて、自由主義国との間で平和条約が締結されると占領が終わり、日本は主権を回復した。併せて、同年に日米安全保障条約（安保条約）が締結され、日本の安全保障をアメリカが担う体制が創られた。一九五六年にソ連と国交を回復し、国連に加盟した。日本は国際社会の一員に復帰すると、安全保障をアメリカに依存する構図のもとで、国と国民のエネルギーを経済開発に集中した国家形成を開始した。

安定的な五五年体制の成立と自民党長期政権

日本が主権を回復したときの政治社会は次のようなものだった。それまで弾圧されていた共産党などが登場したなかで、主要政治勢力は、親米路線をとる保守勢力、それに反対する革新勢力の二つだった。一九五五年に保守勢力の諸政党が合同して自由民主党（自民党）、革新勢力の諸政党も合同して社会党を創った。同年に実施された総選挙で、自民党が議席の三分の二ほど、社会党が三分の一ほどを獲得した（ただ、総選挙は占領行政下の一九四六年に始まった）。自民党と社会党の国会議席の均衡状態は一九九〇年代まで続き、これによって政治安定を得た。これが五五年体制である。自民党は長期政権のもとで、経済開発を軸にした国創りを進めていくが、五五年体制が持った意味は次のことにあった。

憲法は軍隊を持つことを禁じたが、再軍備を望んだ一部の保守勢力は、憲法を改正して軍隊を持つことを考えた。憲法改正には国会議席の三分の二以上の賛成を必要としたが、総選挙で、これに反対する革新勢力が、常に三分の一ほどの議席を占めた。国民は戦争放棄の平和憲法を支持し、これによって政治社会の安定が保たれたのである。

日本は社会が二分された紛争が起こらなかったなかで、あえて言えば、安保条約をめぐる対立がそれに近いものだった。一九六〇年の安保条約改定のさいに二つの勢力が衝突したからで、結果は、国会の混乱や反対勢力のデモがあったものの、保守勢力が望んだ安保条約が批准された。これによって政治の季節が終わり、これ以降、総選挙で自民党が常に勝利して、一九九〇年代まで自民党政権が約四〇年続いた。一九五五年から九〇年代にかけては自民党の「一党優位体制」と呼ばれたが、これは、インドのネルー一族が主導する国民会議派政権と、ほぼ時期が重なるものだった。

池田政権の国家形成――「所得倍増計画」による高度成長

一九六〇年代になると、自民党政権の国家形成の軸は経済開発に置かれた。第二次世界大戦で破綻した国民経済の立て直しと、さらなる経済発展がそうである。当初は経済復興に主眼が置かれ、その後、高度成長が目標になった。

高度成長を政権のスローガンに掲げて登場したのが、池田勇人政権（一九六〇～六四）だった。その前の岸信介政権は、安保条約の改定をめぐって革新勢力との対決姿勢が鮮明だったが、官僚出身の池田は政治的低姿勢をとり、経済を前面に出して、政治の季節から経済の季節への転換を図った。高度成長のための政策が「所得倍増計画」であり、これは、一〇年後に実質国民所得をほぼ二倍にするというものであった。国民に分かりやすい政策とスローガンが打ち出されたことによって、多くの国民の関心が、政治から経済生活の向上に移った。実際に池田政権は目標を達成し、日本はアジアのなかで唯一豊かな社会になった。池田政権は、国交がなかった中国との貿易も進めた。

次の佐藤栄作政権（一九六四～七二）も、池田政権の高度成長路線を継承し、併せて社会開発をスローガンに掲げ、国民の社会生活に関わる公害問題などに取り組んだ。また、世界で核兵器開発が進むなかで、日本は核兵器を作らないなど非核三原則を打ち出し、平和国家を目指した。佐藤政権は、アジア外交でも一定の成果を挙げた。その一つが、第二次世界大戦後も戦争状態が続いていた韓国と、一九六五年に日韓基本条約を締結して国交を回復したことだった（ただし現在も、北朝鮮とは戦争状態が終結していない）。一九七二年には、次の田中角栄政権が中国と実質的に国交を正常化して、日本と東アジア諸国との関係が改善された。

一九五〇年代半ばから七〇年代初めにかけての自民党政権、とりわけ池田政権と佐藤政権のときに、日本の国民総生産は年平均で一〇パーセントほど伸びて、世界でも類がない経済成長を遂げた。この結果、日本はアジアで最大、世界でアメリカに次いで第二の経済大国になったのである。この間、池田政権の一九六四年に先進国クラブの経済協力開発機構に加盟して、発展途上国に援助する立場になった。

アジアとの経済交流

日本は世界第二位になった経済力をアジアに向けた。第二次世界大戦前はアジアに軍事力で臨んだが、戦後は経済で臨んだのである。経済交流は、内容に従って三つの時期に区分できる。

第一期が、一九五〇年代の「賠償金」である。これは第二次世界大戦のさいに、アジアを植民地化し、占領したことにともなう補償金で、交渉過程には紆余《うよ》曲折があったが、東南アジアの国を中心に実行された。東アジアの韓国、東南アジアのインドネシア、フィリピン、南ベトナム、ミャンマー、マレーシア、シンガポール、それに日本の同盟国だったタイなどがそうである。これらの国で賠償金は経済開発などに使われた。ただ、中国、台湾、それにインドなどは賠償金請求の権利を放棄した。

第二期が、一九七〇年代に本格化した政府開発援助（ODA）である。一九九一〜二〇〇〇年の一〇年間、日本は世界最大の援助国になった。当初、政府開発援助は、インドネシアなど自由主義国に限られていたが、一九九〇年頃に冷戦が終わると、中国やベトナムなど社会主義国も対象になった。一九八七年の援助国は、第一位のインドネシア以下、中国、フィリピン、バングラデシュ、インド、タイ、マレーシア、ミャンマー、パキスタンと、第九位のトルコを除いて、アジアの国が占めた。歴史的、地理的、そして政治的に重要なアジアに、戦略的な援助を行ったのである。

第三期が、一九七〇年代以降から現在にいたる民間投資である。これは、工場などを作る直接投資、それに証券などの間接投資の二つのタイプからなった。このうち直接投資は、アジアに生産工場などを作ることで、雇用の創出、技術移転などが行われて、アジア諸国の経済開発に大きな効果を持った。また、投資先国で組み立てる製品の一部の部品を日本から輸出し、他方、現地で生産された完成品の一部を日本が輸入することも行われて、日本とアジアの貿易も増えた。

日本は、この時期にアジアだけでなく世界各地に直接投資を行ったが、一九七六〜八〇年の直接投資は、北アメリカが二八・六パーセントで第一位、アジアは二七・三パーセントで第二位を占めた。これが語ることは、一九七〇〜九〇年代に日本は、アジア最大の経済大国として、アジアと密接な経済交流を行ったことである。

アジアの経済盟主の交代

一九九〇年代に入ると、日本は経済停滞に陥った。政治も、自民党政権が動揺して、一九九三年に政権交代が起こった。日本の政治安定と経済成長は転換期を迎えたのである。

これに対して、二〇〇〇年代に中国が目覚ましい経済発展を遂げるなど、アジアの構図が一変した。二〇一〇年に中国は国内総生産で日本を抜いてアジアで第一位、世界で第二位になり、日本に代わってアジアの経済盟主になった。現在、中国はアジア、とりわけ東南アジア諸国と、貿易、投資、援助の分野で緊密な関係を構築し、港湾や高速鉄道などインフラ整備の支援も積極的に行っている。

小括

アジアのなかで数少ない同質社会の日本は、第二次世界大戦後、アジア諸国のように深刻な社会分裂や対立が起こり、国が崩壊する危機に直面することはなかった。そのなかで唯一とも言える対立が、一九六〇年の、アメリカに軍事的に支えられたもとでの国家形成か、それとも自立的な国家形成かをめぐるものだった。しかし、大きな混乱に陥ることなく、アメリカを軸にする国家形成を進めることで、対立は終息して、日本社会から国を裂く紛争がなくなった。

この安定的な政治社会を基盤にして、自民党政権は一九六〇年代に、平和国家と経済立国を目標に掲げて、経済開発に邁進した。そして、世界でも稀な高度成長を達成すると、アジアとの交流は経済が中心になり、軍事や政治分野で関わることはなく、一九九〇年前後に起こったアジアの民主化に対して、欧米諸国とは違うスタンスをとった。この背景には、日本に経済援助を期待しても、軍事や政治分野で関わることに、アジア側の反発と批判が強いことがあった。

二十一世紀の現在、日本の独擅場《どくせんじょう》だったアジアの経済支援は、中国にとって代わられ、中国はアジアの一部の国と政治関係を持ち、軍事支援を含めた交流を進めている。それだけでなくインドやインドネシアなどの経済発展も著しく、自立性を強めている。

日本はこれまで、アメリカとの協調を軸にアジアに向き合ってきたが、極論すると、現在、アジアは日本抜きで、中国を軸に動いているといっても過言ではない。日本は、どのような「立ち位置」でアジアに向き合うのか、基本的スタンスが問われていると言ってよい。

*
*
*
*

終章　現代アジアの国家形成と指導者をめぐる問題の考察

これまでアジアの一五ヵ国を対象に、独立後の国家形成と指導者の関連がどのようなものか、主な指導者に焦点を絞って実態をみてきた。各章の検討から現代アジアのどのような特徴や問題が浮かび上がるのだろうか。終章ではアジア全体の視点から、国家形成の価値軸をめぐる問題、指導者の類型とその特徴、指導者一族をめぐる問題、政治体制の変遷と展望を考えてみたい。

1　国家形成の価値軸をめぐる問題

国家形成は何らかの理念や価値規範を軸に据えて、指導者がそれによって国民を糾合《きゅうごう》して、国家と社会を強靭化する営為のことである。具体的には、伝統社会の改革、植民地社会の残滓の一掃、新しい社会の創造など、さまざまな想いが込められるものだった。国家形成の価値軸にはいくつかの要素が考えられるが、ここでは一五ヵ国の実情をもとに、それがどのようなものだったのか、その意義と問題を考えてみる。

民族

アジア諸国はさまざまな民族からなる多民族社会が大半を占めているが、どの社会も多数派民族と少数派民族からなっている。国家形成の価値軸に民族を据えた国が少なくなかったが、それは多様な民族を平等に扱う民族平等ではなく、特定民族（多数派民族）の民族価値を軸に国家形成を行うものだった。多数派民族の価値には言語や宗教などがあるなかで、一部の国で用いられたのが民族だった。すなわち、多数派民族の民族そのものを軸に据えて、国家形成を行ったもので、その代表国としてマレーシアとスリランカが挙げられる。

マレーシアは、土着民族のマレー人、移民の華人とインド人からなる社会である。独立したときの政権体制は三つの民族政党の連合政権が創られ、これを受けて三つの民族を平等に扱う民族融和政策が国家形成の価値軸とされた。しかし、マレー人と華人の民族暴動が起こった後の一九七〇年代初めに、連合政権を維持しながらも、マレー人を国家形成の価値軸にするブミプトラ政策に転換したのである。この政策のもとで、マレー人を経済的社会的に優遇する政策が導入され、これが憲法に盛り込まれて「国是」になった。

スリランカは、土着民族のシンハラ人、それにインド南部からの移民のタミル人が主要な民族である。独立当初、英語教育エリートからなる統一国民党政権は、二つの民族を平等に扱う政策を国家形成の軸にした。しかし一九五〇年代後半に、シンハラ人の民族価値を国家形成の軸にすることを唱えたスリランカ自由党が、選挙で多数派シンハラ人の支持を得て政権を握ると、シンハラ人の

表3　アジア15ヵ国の民族構成

国名	多数民族	主な少数民族
東アジア		
韓国	朝鮮人	
北朝鮮	朝鮮人	
中国	漢人 91.1%	チョワン人 1.4%
台湾	漢人 98%	先住民 2%
東南アジア		
フィリピン	タガログ人 28.1%	セブアノ人 13.1%、イロカノ人 9.1%
インドネシア	ジャワ人 41.6%	スンダ人 15.4%
シンガポール	華人 74.1%	マレー人 13.4%、インド人 9.2%
マレーシア	マレー人など 62%	華人 22.7%、インド人 6.9%
ベトナム	キン人 85.7%	タイー人 1.9%、ターイ人 1.8%
タイ	タイ人 98.8%	華人
ミャンマー	ビルマ人 68%	シャン人 9%、カレン人 7%
南アジア		
インド	アーリヤ人 72%	ドラヴィダ人 25%
パキスタン	パンジャーブ人 52.6%	パシュトゥン人 13.2%
バングラデシュ	ベンガル人 98%	
スリランカ	シンハラ人 82%	タミル人 9.4%

（出所）『データブック オブ・ザ・ワールド2023』

民族価値を国家形成の軸にする政策、すなわちシンハラ・オンリー政策に転じたのである。このもとで、シンハラ人の民族価値であるシンハラ語、仏教などが強調された。

両国で、ブミプトラ政策とシンハラ・オンリー政策が導入されると、政策の対象外になった少数派民族の反発と批判を招き、とりわけスリランカでは分離独立を求めて熾烈《しれつ》な武力紛争が起こった。しかし、反対運動は鎮圧されて、現在も基本的にこの政策が維持されている。多数派民族を価値軸にした国家形成は、少数派民族の反発を招くマイナスがあるとはいえ、国家形成を行う指導者の眼からすると、多数派民族の確実な政治的支持を期待できることから、それによって政権基盤が強固になることに最大の誘因があると考えられる。

宗教

アジアの宗教は、アジア域内で誕生したもの、域外から伝播したものも含めて、仏教、ヒンドゥー教、イスラーム、キリスト教など、国によって、また一国内でも多様である。王朝国家は特定の宗教に支えられたが、近代国家は、特定の宗教に肩入れすることによる社会の分裂や対立、その結果としての国家の崩壊を避けるために、宗教を国家形成の価値軸にしない国創りを行った。これが政教分離、あるいは世俗主義である。しかし、アジアには、独立当初は世俗主義を掲げたが、その後、転換して、特定の宗教を国家形成の価値軸に据えた国が少なくない。

その代表としてインドが挙げられる。インドはヒンドゥー教徒が多数を占めるが、独立すると、民族や宗教を超えた社会エリートが創った国民会議派率いる初代首相ネルーは、国家と宗教は別であるとの考えのもとで、世俗主義を国家形成の軸にした。そして、ネルー後の国民会議派政権の指導者もこの原則を継承した。しかし、二〇〇〇年代にヒンドゥー教至上主義を掲げるインド人民党が政権を握ると、指導者は、インドはヒンドゥー教国であることを強調した国家形成を開始した。

表4　アジア15ヵ国の宗教

国名	宗教
東アジア	
韓国	キリスト教29.3%、仏教22.8%
北朝鮮	仏教、キリスト教
中国	道教、仏教
台湾	仏教、道教
東南アジア	
フィリピン	キリスト教92.7%、イスラーム5%
インドネシア	イスラーム87.2%、キリスト教9.9%
シンガポール	仏教33.3%、キリスト教18.3%、イスラーム14.7%
マレーシア	イスラーム60.4%、仏教19.2%、ヒンドゥー教6.3%
ベトナム	仏教7.9%、キリスト教6.6%
タイ	仏教83%、イスラーム9%
ミャンマー	仏教74%、キリスト教6%
南アジア	
インド	ヒンドゥー教79.8%、イスラーム14.2%、キリスト教2.3%
パキスタン	イスラーム96.4%、ヒンドゥー教1.9%
バングラデシュ	イスラーム89.6%、ヒンドゥー教9.3%
スリランカ	仏教70%、ヒンドゥー教15%、キリスト教8%

（出所）『データブック オブ・ザ・ワールド2023』

世俗国家から宗教国家への転換である。

パキスタンも同様である。同国はムスリムが多数派を占めるが、建国の父ジンナーは国家と宗教は別だとして、世俗主義を原理にする国家形成を目指した。しかし、一九五〇年代になると、イスラーム国家であることを唱える指導者（軍人と政党人）が政権を握り、イスラームを価値軸にする国家形成に転換したのである。

ムスリムが多数派のバングラデシュも、独立当初の指導者ラーマンはインドに倣って世俗主義を国家形成の原理にした。しかし、その後の指導者はイスラームを価値軸にする国家形成に転換したのである。また、民族の項でみたスリランカのシンハラ・オンリー政策は、シンハラ人の民族を軸にした国家形成だが、シンハラ人の民族宗教が仏教であることから、仏教を価値軸にした国家形成とみることも可能である。

興味深いのは、宗教を価値軸にして国家形成を進めたのは、すべて南アジアの国であり、これと対照的なのが東南アジアである。インドネシアはイスラーム、タイとミャンマーは仏教が、いわば国家宗教に準じる扱いを受けているので、南アジアの国と同様、宗教が国家形成の価値軸になっているようにみえる。しかし実情は、国民が信仰する、これ以外の宗教を否定したり排除したりするものではない。インドネシアの国是のパンチャシラは「唯一至高なる神」を謳っているが、これは多数派国民が信仰するイスラームだけでなく、キリスト教やヒンドゥー教など、少数派国民が信仰する神のことも指しているのである。

国家形成の価値軸に宗教を据えるのは、指導者の宗教心の篤いことが一因だと思われるが、それ以上に、多数派国民の敬虔《けいけん》な宗教心を受けて、国家形成に「利用」している側面が強い。民族と同様、それによって多数派国民の確実な政治的支持が期待できるからである。すると問題は、なぜ南アジアの国では、国民が「世俗国家」を受け入れず、「宗教国家」への衝動が強いのかにある。これは、なぜある人びとは国家よりも宗教に重きを置くのか、また、自分とは異なる宗教を信仰する他の国民の自由を尊重しないのかという問いでもあるが、筆者には解答が難しい。

指導者の思想

数は少ないが、指導者の思想を国家形成の価値軸に据えた国もある。中国の毛沢東思想と習近平思想、北朝鮮の主体思想、ベトナムのホー・チ・ミン思想がその代表に挙げられる。指導者の思想を国家形成の価値軸に据えた国をみて気づくのは、すべて社会主義国であることだ。そこでの共通点は、普遍的な共産主義思想の教義に、自国の民族文化や歴史性を加味して、独自の思想体系を創りあげたことにある。

やや強引な結論だが、社会主義国では共産主義思想に、自国の民族性を採り入れた思想を加味し、それを社会主義の建設を目指す国家形成の支えにする傾向が強いと言える。また、これらのなかには、指導者の死後に後継指導者が唱えたものもある。その意図は、若い国民に建国指導者の思想を学ばせることよりも、それによって、後継指導者の正統性の確保や権威付けを行うこと、すなわち、国民がよく知るカリスマ性を持った指導者の思想を掲げることで、その正統な後継者である現在の指導者に対する国民の畏敬の念を期待することにある、と考えられる。

これは、極論すると、現在の指導者の地位を強化するものとして使われていることを意味し、この限りでは、民族や宗教を掲げて、国民の政治的支持を期待することとほとんど同じである。

社会主義の建設

国家形成の価値軸に社会主義の建設を据えた国も少なくない。ただし、これは二つのタイプに分けられる。

一つは、中国、北朝鮮、ベトナム、ラオスの社会主義国である。これらの国は、建国の目的が社会主義の建設にあったので、ある意味では当然と言えるが、これにより共産党独裁のもとで、私有財産制の廃止と資本家階級の搾取の根絶を行い、計画経済を原理にして、労働者階級などの国民が経済的に平等な社会の建設を目指したものである。その国家形成がどのようなものだったか、それぞれの章でみたので繰り返さないが、成功した国はないし、また現在、社会主義の建設を真に推進している国もない。中国の改革・開放政策、ベトナムのドイモイ政策が語るように、一九八〇年代になると計画経済を放棄して、資本主義型経済を軸にする国家形成に転換したことが、これを語っている。

もう一つは、インドのネルー政権の「社会主義型社会」、ミャンマーのネ・ウィン政権の「ビルマ式社会主義」に代表される非社会主義国が掲げた社会主義である（パキスタンではブット政権が「イスラーム社会主義」を掲げた）。両国は、民主政、あるいは軍政の下で、経済を社会主義型にすることを目指したものである。その理由は、インドは、イギリスの資本主義統治によって貧しくなったことから、これから脱却するには社会主義しかないと考えたこと、ミャンマーは、植民地化されて伝統的な民族文化が喪失したので、これを回復するには、資本主義を原理にする欧米諸国との交流を断ち、資本主義に対抗する思想の社会主義を原理にする国家形成を考えたことにあった。

この背景には、第二次世界大戦後に植民地から独立した、アジアやアフリカなどの多くの国が独立後の国家形成において、資本主義ではなく、社会主義に将来を託したことが指摘できる。しかし結果は、両国ともに社会主義型社会の国家形成に失敗し、一九七〇~八〇年代になると放棄されたり否定されたりした。その最大の理由は、社会主義国と同様に、社会主義の計画経済では国民統合と経済発展が望めないことにあった。

現在では社会主義は、社会主義国の政治分野における一党独裁に、その理念が残っているだけで、経済分野ではほとんどみられないと言ってよい。

経済開発

アジア諸国がさまざまな理念や価値観を国家形成の軸に据えたなかで、数のうえでは、経済開発を据えた国が最も多い。そのねらいは国力の強化と国民生活の向上にあり、その極限形態とも言えるのが、経済開発を最大の国家目標に掲げた開発主義国家だった。該当国として、東アジアの韓国、中国、台湾、東南アジアのフィリピン、インドネシア、シンガポール、マレーシア、タイ、南アジアのパキスタンが挙げられる。また、ドイモイ政策を掲げたベトナムも、広い意味でこれに加えられる。これらの国で開発主義国家が形成された時期は、一九五〇年代のタイとパキスタンから、八〇年代の中国とベトナムまで幅広い。このことは、経済開発が独立当初だけでなく、二〇〇〇年代にも国家形成の価値軸として有効性を持っていることを語っている。

あらためて言えば、開発主義国家とは、野党の活動や国民の政治的自由を厳しく制限して政治的安定を創出し、この政治基盤のうえに国家主導の経済開発を行うことである。開発主義国家の数が多いことから、極論すると、経済開発がアジアの国家形成における最大の価値軸になった、と言うことすらできる。

なぜなのか。筆者は、その理由は、アジア諸国が欧米諸国に植民地化されて貧困状態に突き落とされた事実に潜んでいるとみている。というのは、経済開発は、伝統社会の改革や植民地社会の一掃に加えて、独立国家の経済的自立の達成、それによって政治的自立を確保できるだけでなく、欧米社会に較べて遅れた社会を近代化すること、植民地化によって貧しくなった国民の生活を向上させること、この結果、政権に対する国民の支持を期待できることなど、独立後のアジア諸国の国家形成において政治、経済、社会、国際関係など、広い範囲に及ぶ問題と課題を解決してくれる、「万能薬」とみなされたからである。

ただ、開発主義国家のもとでアジアの多くの国が経済発展を遂げて、近代化したのは事実だとはいえ、それが無視した最たるものが、民主主義や国民の政治的自由だったことも否定できない。ここでは、その例を示すことをしないが、開発主義国家を担った政権が民主政ではなく、軍政や権威主義体制や一党独裁であることが、何よりもこれを語っている。

2 指導者タイプをめぐる問題

アジア諸国の国家形成では、さまざまなタイプの指導者が登場した。そのため、アジア諸国の国家形成を考えるさいには、それがどのタイプの指導者のもとで行われたのかみることも欠かせない。指導者が確信する思想や信念や価値観が、国家形成の内容に色濃く影を落としていることが少なくないからである。なお以下における指導者タイプの表記は、例えば、軍人の指導者は「軍人指導者」と表記するのが適切だが、他のタイプと横並びにするために、ここでは「軍人型」と表記する。これは他のタイプも同様である。また、ある指導者が一つのタイプに限定されるものではなく、複数のタイプに該当する者が少なくない。

軍人型指導者

国家形成を軍人型が担った国は多く、大半が独立当初に登場したものだった。本書でみた国順に挙げると、韓国の朴正熙（一九六〇年代）、台湾の蔣介石（五〇年代）、インドネシアのスハルト（六〇年代）、タイのサリット（五〇年代）、ミャンマーのネ・ウィン（六〇年代）、パキスタンのカーン（五〇年代）がその代表である。またパキスタンとバングラデシュは一九七〇年代だけでなく、二〇〇〇年代前後にも登場しており、これはタイとミャンマーも同様である。このことは、軍人型が独立直後の政治混乱期だけでなく、比較的に社会が落ち着いた現在も登場していることを語っている。その理由は、アジアの少なからぬ国で、軍人が有力政治アクターの地位をいまも維持していることにある。

軍人型は、政党指導者の統治が失敗して政治社会が混乱に陥ると、クーデタで実権を握り、秩序の回復と維持を謳うのが共通パターンだった。そして、その国家形成は軍隊の運営と同様、上から命令的強権的に行うことも共通パターンだった。実際に、どの軍人型も自らの国家形成を国民に押し付けるもので、そのキーワードは「独裁」と「強権」にある。

軍人型の国家形成が、混乱する政治社会に秩序をもたらしたことを否定できないが、秩序が回復した後も、国民が選挙で選んだ指導者に政権を渡すことがなく、権力維持が自己目的になったことも共通パターンだった。これもあり、軍人型の退場は、民主化運動など幅広い国民の運動で終わるのが常だった。ただ現在も軍人型が終わっていない国もあり、その代表としてミャンマーが挙げられる。

他方では、興味深いことに、軍人型が登場しなかった国もある。インド、スリランカ、シンガポール、マレーシアなどがそうである。その理由は、これらの国では、独立運動を政党人型が担ったこと、独立後の国家形成で社会混乱が起こったものの、政党人指導者が何とか対応できて、軍の力を必要としなかったことなどにある。インドやスリランカやマレーシアは、深刻な民族暴動や宗教紛争が起こると、その平定に軍の力に依存したが、しかしそれは軍の「治安任務」の一環にとどまり、鎮圧後も政治に関与することはなかったのである。

政党人型指導者

国家形成を担った指導者には、植民地時代に政党を創って独立運動を主導し、独立後、その政党を率いて政権を担った者も少なくない。これが政党人型である。また、民主主義国では国民が参加する選挙で指導者を選ぶので、当然ながら政党人型は二〇〇〇年代の現代も多い。ここでは、独立直後の政党人型に焦点を絞って、その特徴をみてみたい。

その代表として、インドのネルー（国民会議派）、シンガポールのリー・クアンユー（人民行動党）、マレーシアのラーマン（統一マレー人国民組織）が挙げられる。また、独立後に政権を担ったわけではないが、ミャンマーのアウンサン（パサパラ）もこの一員だし、植民地化されなかったが、中国の毛沢東（共産党）もこの一員に加えられる。政党人型の国家形成をいくつか挙げると、次のようなものだった。

ネルーは、独立すると国民会議派政権の首相に就任して国家形成の重責を担ったが、特筆されるのは、イギリス留学中に民主主義の意義を会得して、それをインドの国家形成の原理にしたことだった。

シンガポールのリー・クアンユーも、第二次世界大戦直後にイギリスに留学し、帰国後、人民行動党を創り、これを基盤に開発主義国家をもとに国家形成を行った。リーの国家形成も軍の力で強制することなく、基本的に法制度が使われた。この点で、リーはネルーと同様に民主主義制度に依拠した政党人型に属する。ただ、政治的自由の点では、ネルーがそれをインドの国家形成の基軸に置いたのに対し、リーは全く関心がなく、統治手法の点では権威主義型に属した。

中国の毛沢東も、国民党との抗争では軍の力に依存したが、ひとたび支配権を確立すると、軍や政府は毛沢東の指示に従う従属構造が創られた。この点で、毛沢東の国家形成も政党人型に属し、これは北朝鮮の金日成も同様である。ただ、毛沢東と金日成の国家形成は、国民を説得する方式ではなく、上から一方的に命令する独裁型として振る舞うものだった。

いま挙げた三人は、政党人型が、必ずしも民主主義手法に依拠して国家形成を行うものではないことを語っている。実際に、ネルーの統治手法は民主主義、リー・クアンユーは権威主義、毛沢東は独裁とそれぞれに違う。これはまた、政党政権の民主政、権威主義政、独裁政に対応したものでもある。

知識人型指導者

アジアの国家形成を担った指導者には、欧米諸国に留学した者も多い。このタイプは知識人型と呼ぶことができる。

インドのネルー、パキスタンのジンナー、スリランカのバンダーラナーヤカ、シンガポールのリー・クアンユー、マレーシアのラーマンなどは、この代表である。知識人型は第二世代指導者にも多い。一九八〇年代以降をみても、パキスタンのベナジール・ブット、シンガポールのリー・シェンロン、フィリピンのアロヨなどが挙げられる。

また、海外の大学で学んだわけではないが、若いときに欧米諸国に滞在したベトナムのホー・チ・ミン、勤工検学運動でフランスに渡った中国の周恩来と鄧小平も、広い意味で海外組に含めてよいと思われる。他方では、国内の大学で学んだ指導者もおり、インドネシアのスカルノ（バンドン工科大学）、ミャンマーのアウンサン（ラングーン大学）は、この代表である。

ここでの関心は、二十代の頃に海外留学したことと、それによって欧米の民主主義社会を体験したことが、彼らの国家形成にどのような影響を与えたのか、どのような意味を持ったのかにある。インドのネルーがイギリス留学時代に会得した民主主義を原理にして国家形成を行ったことは、その解答の一つだが、ここでは国内組との対比で二つの国の例を挙げてみたい。

一つは、インドネシアである。インドネシアは独立すると、スカルノが大統領、ハッタが副大統領に就いて国家形成が始まった。しかし、一九五〇年代末にスカルノの独裁が始まると、ハッタは抗議して辞任した。この背景には、二人の議会制民主主義観の決定的な違いがあった。すなわち、スカルノが容共姿勢のもとで、欧米型民主主義は五〇プラス一の多数の専制であるとして否定したのに対し、ハッタは、オランダに一一年留学して欧米型民主主義の意義を体得して、これをインドネシアの国家形成の軸に据えることを考えたからである。

もう一つは、中国である。中国の代表的指導者に毛沢東、周恩来、鄧小平が挙げられる。三人とも大学で学んだわけではないが、このうち、毛沢東が国内組、周恩来と鄧小平が海外組になる。三人の指導者としてのタイプを、単純化して言うと、毛沢東が自分の思想や政策の絶対性を確信する「原理主義者」タイプ、周恩来と鄧小平が自分の信念を持ちながらも、実際の政策過程では経済政策において柔軟な姿勢をとる「実利主義者」タイプになる。二つのタイプを分けた要因は、それぞれの個性に加えて、後者タイプが若いときにヨーロッパ社会を経験したこと、それによって、制度や政策の実施過程で思想や原理を、ただ機械的に適用するのではなく、実情に即して運用することの重要性を学んだことにあるのではないか、というのが筆者の見方である。これは海外組知識人型の特徴でもある。

カリスマ型指導者

数は少ないが、カリスマ型も登場した。中国の毛沢東、インドネシアのスカルノが、この代表に挙げられる。

このタイプの特徴は、預言者的な言説を駆使して、危機や苦境に陥った国家や社会が採るべき道を提示して人びとを牽引する能力にある。現代の用語で言えば、「ポピュリスト型」に相当する。カリスマ型は何よりも、植民地権力や自国の国家体制を変革するさいに、既存権力の「破壊」に絶大な力を発揮した。毛沢東は文化大革命のさいに若い紅衛兵に影響力を行使して共産党の指導者を倒し、スカルノは雄弁に溢れた演説でオランダ植民地権力を批判して大衆を魅了した。要するに、カリスマ型は、分かりやすい言葉やレトリックを駆使して国民大衆の心に訴える能力、それによって既成観念や制度を破壊する力に長けていることに最大の特徴がある。

ただ、その裏返しとして、政策能力や実務能力に欠けることが多く、指導者として国家形成を担った場合、必ずしも成功するものではないことも事実だった。実際に、毛沢東の「大躍進政策」、それにスカルノの「ナサコム」の国家形成は失敗に終わり、後継指導者にその意義を否定されたのである。

独裁型指導者

独裁型も数多く登場した。韓国の朴正熙、北朝鮮の金日成、中国の毛沢東、鄧小平、習近平、台湾の蔣介石、フィリピンのマルコス、インドネシアのスカルノ、タイのタクシン、バングラデシュのムジブル・ラーマン、パキスタンのブットなど、このタイプの名前を挙げるのに事欠かない。しかも、独立当初の政治社会が混乱したときだけでなく、二十一世紀の現在もそうであり、本書では取り上げなかったが、カンボジアのフン・センはその一人である。

王朝国家では支配者の独裁が一般的だったが、なぜ、現代国家でも独裁が後を絶たないのだろうか。その理由の一つとして、国家形成を進める過程で、反対勢力の抵抗などに遭遇したさいに、強権手法、すなわち反対派を抑圧することで、それを成し遂げようとしたことが挙げられる。実際に、ここに挙げたほとんどの独裁者がこれを行った。

独裁型の特徴の一つは次のことにある。民主主義国では指導者は定められたルールに従って統治することが期待されている。ルールの最たるものが憲法で、指導者は憲法の規定に従うこと、例えば、任期規定の遵守が求められている。しかし、独裁型は憲法を無視して、任期を無制限にするなど、自分に都合のよい内容に変えるのが常だった。これは独裁型がルールの下にいるのではなく、ルールの上にいる超越的存在であることを意味する。これが独裁型の最大の特徴であり、これは王朝国家の支配者と全く同じである。

また、独裁型と呼べないまでもそれに類似したタイプの指導者、すなわち、権威主義型も少なくない。フィリピンのドゥテルテ、シンガポールのリー・クアンユー、マレーシアのマハティール、一時期だがインドのインディラは、その一例である。このタイプの指導者が権威主義型である理由は、独裁型のそれとほとんど同じで、強権で国家形成を進めることにある。そのさい両者を分ける指標の一つは、憲法が定めた指導者の任期規定を遵守するかどうかにあった。

腐敗型指導者

これまでの指導者タイプは、その国家形成が少なくとも意図の点では国と社会を改善する方向に向いたものだったが、改悪した指導者もいた。腐敗型がそうである。ただこれは、国家形成の過程で、結果的にそうなった者がほとんどだった。フィリピンのマルコス、インドネシアのスハルト、マレーシアのナジブ、タイのタクシン、パキスタンのベナジールが、この代表に挙げられる。

腐敗型の行動様式は、政権の重要ポスト（とりわけ利権が絡んだポスト）への一族の登用、権力と地位を利用した蓄財、公金の私的行為への使用、などさまざまである。一例を挙げると、インドネシアのスハルト大統領夫人は、民間企業が開発事業に参入するさいに口利きの便宜を図り、謝礼として事業費の一〇パーセントを要求したので、「マダム一〇パーセント」と陰口をたたかれたという。

腐敗型は、その国の経済発展段階のレベルとは無関係に登場した。他方では、あらゆる国民の嫌悪を招いて、国民の激しい批判のなかで退陣するのがパターンだった。いま挙げた指導者全員がそうであり、スリランカのラジャパクサは、この最新例でもある。また、最高指導者に近い指導者の腐敗もあり、これは自由主義国だけでなく、経済発展が著しい中国やベトナムなどの社会主義国も例外ではない。

企業経営型指導者

企業経営型は、一九九〇年代以降に登場した最新タイプで、シンガポールのゴー・チョクトン、タイのタクシン、インドネシアのジョコがこの代表に挙げられる。彼らは指導者になる前は、ゴーは政府系企業の経営者、タクシンは自分の企業グループの経営者、ジョコも自分の会社の経営者としてキャリアを始め、後に政治家に転じたものだった。

企業経営型の特徴は、いみじくもタクシンが述べたように、国家（政府）の運営を企業経営と同じように行うこと、すなわち、政策の策定と運営を合理性と効率性の観点から行うことにある。このタイプの指導者の国家形成のねらいは、企業経営と同様に、国家の経済パイと国民所得を最大化することにある。

企業経営型が登場した背景には、アジアが経済発展すると、その一翼を担った企業家や経営者が自分の経験と能力を生かして、政治分野に活動の場を広げたことがあった。これを逆に言えば、現代アジアの指導者の社会的出自に、軍人や政党人や官僚や知識人などに加えて、新たに企業経営者が登場したことを意味したのである。

また、これに類似したタイプに、専門知識や運営能力を持った「テクノクラート型」がある。マレーシアのブミプトラ政策の制度設計をしたラザクはこの代表で、シンガポールの副首相を務めたゴー・ケンスィーも、その一人である。ゴーはリー・クアンユーの右腕として経済開発の演出者を務め、一九八〇年代に政治家を引退すると、中国政府の要望を受け入れて開発顧問に就任した。

このタイプは実務能力を売りものにすることから、「実務型」と呼ぶこともできる。本書では取り上げなかったが、中国の毛沢東政権を支えた周恩来首相は、この代表でもある。このタイプは最高指導者に就くのではなく、それを支えるポスト、例えば副首相や副大統領に就くケースがほとんどだった。実際に、ラザクは指導者の退陣後に首相に昇格したものだし、周恩来は首相、ゴーは副首相で終わった。

3 指導者一族をめぐる問題

各章でみたように、アジアのほぼすべての国で指導者一族が登場した。一五ヵ国のうちで登場していないのは、中国とベトナムの二ヵ国だけである。これは日本も同様で、吉田茂（祖父）と麻生太郎（孫）、福田赳夫（父）と福田康夫（息子）、岸信介（祖父）と安倍晋三（孫）、佐藤栄作（岸の弟）が該当する。アメリカでもブッシュ父子が大統領になるなど、これは世界的現象でもある。ここでは、なぜアジアの国々に指導者一族が多いのかという問題を考えてみたい。

あらためて言えば、指導者一族とは、指導者の退任後や死後に、血縁関係にある兄弟や息子や娘や孫、それに夫人などが指導者に就くことである。これらの血縁者・配偶者を二世指導者と呼ぶと、問題は、なぜ二世指導者が登場するのかという点にある。それぞれの指導者一族に個別要因があることは確かであるが、ここでは、筆者が考える共通の政治社会要因を一つ挙げてみたい。

個人政党――「ファミリー・ビジネス化」と「ブランド化」

民主主義国でも社会主義国でも、政党を基盤に政権を担うが、「個人政党」もそうである。その意味は次のことにある。一般的に、政党は政策やイデオロギーを原理に創られる。イデオロギー政党の共産党はこの代表でもある。しかし、アジアには、指導者ポストをねらう一人の有力者のまわりに、一般の人びとが集まって創られた政党が少なくない。筆者はこれを「個人政党」と呼んでいる。タイのタクシン一族のタイ愛国党（とその後継政党）、パキスタンのブット一族のパキスタン人民党、バングラデシュのムジブル・ラーマン一族のアワミ連盟、ジアウル・ラーマン一族のバングラデシュ民族主義党、はその一例である。これらの政党は、創設者の退任後や死後は夫人、息子、娘、孫など、血縁者・配偶者が後継指導者になるのが常である。ここでの問題は、なぜ個人政党が選挙で勝利して指導者ポストを獲得できるのかにあり、その要因として二つ指摘できる。

一つは、政治家の「ファミリー・ビジネス化」である。ほとんどの政党は創設者が退任したり、暗殺されたりした場合、血縁とは無関係に仲間の有力者が後継指導者になることが多いが、個人政党は夫人や息子や娘などが党首になるケースがほとんどである。企業の世界に目を向けると、一代で巨大企業を作り上げた創業者の死後は二世や三世経営者が継承することが珍しくないが、その最大の理由は、創業者が自分の創り上げた企業を血縁者に譲りたいと思うのが「心情」にあることである。個人政党もこれと全く同じ継承原理が働いている。

すなわち、政党はそれを創った家族のものという意識のもとに運営されて、この意識は創設者一族だけでなく、その政党を支持する一般党員にも共有されている。これがファミリー・ビジネス化である。この極みとも言えるのが、パキスタン自由党党首のベナジールが暗殺されると、海外の大学に留学中の息子が、わずか十九歳で後継党首に就任したことだった。現在インドの国民会議派も、暗殺されたラジブのソニア夫人、それに息子のラルフ・ガンディーが実権を握っており、この一例に挙げられる。

もう一つは、これと密接に関連した「ブランド化」である。民主主義制度が広まり定着すると、指導者選出のために、中央議会だけでなく地方議会、それに首長などさまざまな選挙が行われることから、選挙で選出される政治家の人数が増える。そのさい、国民は数多い候補者のうち誰を選んだらよいか迷うし、候補者も他の多くの候補者と競わなければならないという問題が起きる。そのため、個人政党の創設者で大統領や首相に就いた指導者と血縁関係にある候補者の強力な武器の一つが、血縁関係にある、退任した、あるいは死亡した指導者の大統領や首相時代の実績とイメージにある。これが「ブランド化」である。韓国の朴槿恵やタイのインラックが指導者になったのは、この代表的な例に挙げられる。

これにより、ライバルの候補者や政治家に対して優位に立てるからで、この極限形態とも言えるのが政党の「王朝化」現象である。インドでは、かつて国民会議派の「ネルー王朝」が言われ、パキスタンでは現在、パキスタン自由党の「ブット王朝」がささやかれている。これがファミリー・ビジネス化とブランド化が結合したものである。

また、北朝鮮で金一族が指導者ポストを独占していることも、これで説明できる。すなわち、個人政党の概念を援用して、北朝鮮を金一族の「個人国家」とみることがそうである。その意味は、個人政党と同様に、北朝鮮国家はそれを創った金一族のものであると、金一族、それに大半の国民が受け止めていることにある。この場合、個人国家は王朝国家と同義語でもある。

指導者一族が登場した社会的要因

本書でみた一五ヵ国のうち、最も数多くの指導者一族が登場したのはフィリピンとスリランカで、三家族である。パキスタンは一家族、バングラデシュは二家族だが、両国の政党人指導者はこれら一族の独占状態にある。すなわち、これらの国では、軍人指導者を除くと、政党人指導者を一握りの一族がほぼ独占している。

このことは、政党人指導者が社会のさまざまな集団や階層のなかから登場するのではなく、特定一族がその源泉になっていることを意味している。なぜだろうか。第5章で、フィリピンの指導者が特定一族に限定されている要因として、社会が一握りの「持てる層」と圧倒的多数の「持たない層」に分節して、「持たない層」のヨコのつながりが弱いことから、指導者を出すのがほぼ不可能なこと、この結果として、一握りの「持てる層」が指導者を独占的に輩出していることをみた。筆者は、これはスリランカやパキスタンやバングラデシュにも当てはまる要因ではないかと考えている。

そのためこれらの国では、経済発展によって国民が経済社会的に等質になり、新たな政治アクターが登場しない限り、特定一族が政党人指導者を独占する構図は変わらないと思われる。実際にこの四ヵ国は、相対的に経済発展の中位国か下位国に位置している。

また指導者一族は、一世指導者と二世指導者では統治能力に違いがあるのかという問題もある。一世指導者と二世指導者の国家形成がどのようなものだったのかを各章でみたので、ここではあらためては触れない。ただ一つ言えるのは、例外はあるものの、指導者一族は血縁でつながっているとはいえ、統治能力（国家形成能力）に関しては、激しい競争のなかから自力で指導者の地位を勝ち取った一世と、一世の威光のもとでほぼ自動的に手にした二世との間では、別であることが多いことだ。

4 政党からみたアジアの政治体制の展望

最後に、アジアの政治体制がどのように変遷・変容したのか、今後どうなるのか、政党に焦点を絞って、民主主義体制を軸に簡単に展望してみたい。

政党政治の混乱や腐敗を理由に、軍人がクーデタで実権を握った国が少なくなかった。韓国、インドネシア、タイ、ミャンマー、パキスタン、バングラデシュがそうである。しかもこれらの国の多くは、クーデタは一回にとどまらず、複数回起き、あるいは恒常化した。

ただ注目したいのは、ほとんどの国で、軍人はクーデタで実権を握ると、自分の政党を創って総選挙を実施し、勝利して大統領や首相に就任して民主政に替えることがパターンになっていることである。換言すると、クーデタ後に軍政から民主政への「化粧直し」が行われたのである。

その理由は、剝き出しの力で支配する軍政といえども、現代は民主主義制度に則ったものでない限り、支配の正当性を国民の間で確保できないことにある（それを確保する一つが、国民が参加した選挙であるが、それが自由で公正な選挙かどうかは別問題である）。この限りで、アジアは指導者と国民の間で、選挙を通じた民主主義「意識」が定着しているとみてよいと思われる。とはいえ、化粧直しは表層的な形式を変えたに過ぎず、中身は依然として軍政であり、民主政と呼べるものではないことも事実である。この代表国がミャンマーである。

他方では、軍政が民主化運動により民主政に転換した国もある。韓国、台湾、インドネシアがこの代表国に挙げられる。このことは、民主化運動が軍政から民主政に転換する道の一つであることを示している。注目したいのは、これらの国はすべて一定以上の経済発展を遂げていることである。

民主政が選挙における複数政党の競合を軸にするものであることは、言うまでもない。この点からすると、独立当初は、一つの政党が政権を独占する一党優位制だったが、その後、他の政党が台頭して、二党制、あるいは複数政党制に転換した国もある。インドはその一つで、当初は国民会議派が政権を独占したが、インド人民党が台頭して、現在は二党制と呼べる状態になった。一党独裁から複数政党制に転換した国もあり、その代表が、国民党独裁から現在は民進党と国民党が競合する台湾である。シンガポールは人民行動党の一党優位制が続いているが、しかし現在、野党が一〇議席を得ているので、徐々に疑似的な複数政党制の方向に向かいつつあるとみてよいと思われる。

これらの国で、一党制から多党制に転換した最大の要因は、経済発展と近代化にともなう社会の多様化にあった。

これに対して、独立から一貫して一党独裁が続いている国もある。中国と北朝鮮とベトナム、それに本書ではみなかったが、一九七五年以降のラオスがそうである。これらの国はすべて社会主義国である。また現在、王朝国家体制の国もあり、ブルネイがそうだが、北朝鮮も実質的にこのカテゴリーに入る。これらの国では、共産党や王室が独占している政治を、他の社会集団の間に広めること、すなわち、少しでも社会を多様化することが重要と言える。

民主主義国では政党が国民の要望に応えることが期待されているが、現在、政党がいわば「機能不全」に陥っている国もあり、韓国、フィリピン、マレーシア、バングラデシュ、スリランカがこれに該当する。これらの国では大統領や首相が強大な権限を行使しているが、権力のバランスや指導者の国家形成をチェックする意味でも、政党が果たす役割は大きい。

現在、指導者一族現象が続いている国は少なくないが、フィリピン、バングラデシュ、スリランカなどがそうである。カンボジアもフン・セン独裁政権が続いていたが、二〇二三年八月に退任して、長男のフン・マネットが後継首相に就任した。カンボジアはまるで王朝国家に向かって歩いているかのようである。ただこの問題への対処法については、すでに述べたので、ここではあらためては触れない。

他方では、指導者一族現象がほぼ終焉した国もある。韓国、台湾、インドネシア、シンガポール、マレーシア、それに敢えて言えば、インドが挙げられる。これらの国で指導者一族現象が終わった最大の要因は、社会の多様化、すなわち、軍人や特定政党の指導者一族以外の政治アクターが登場して、指導者が社会のさまざまな集団のなかから選ばれるようになったことにある。これが民主主義国の指導者選出のあるべき姿であり、重要なのは、これがアジアの「非民主主義国」が進むべき道を示していることである。

あとがき

筆者のアジア研究は、最初の勤務先のアジア経済研究所で、シンガポールを担当することで始まったものである。シンガポールの政治や経済について勉強するかたわら、アジアのそれぞれの国を専門にする先輩研究者や同僚研究者などと、東南アジア研究会やアジア研究会に参加する機会を得た。研究会では、アジアの国々はこうなのかという新鮮な知見を得て、一つ一つの国を知る格好の勉強の場になった。

その後、大学に移り、本務校や非常勤講師の大学で、アジアについて教える地域研究の授業を担当した。講義では、毎回一枚のレジュメを用意して、東南アジアを中心に一つの国をとりあげて、歴史文化の特徴に触れながら、独立後の政治と経済の過程について説明し、最後に特徴を述べるスタイルを採った。とりあげる国も東アジアや南アジアへと広がった。

このように本書は、筆者がアジア経済研究所で得た知見と、大学での講義のレジュメをベースに書いた地域研究のアプローチからなる現代アジア政治論である。執筆にさいして留意したことは、研究会や大学の講義で感じたことだが、独立後のアジアの国々の政治の内容と特徴がそれぞれに違うことから、その違いを明らかにして、なぜそうなのか、その要因について筆者なりの見方を提示するよう努めたことである。ただ、「はじめに」でも述べたように、本書における筆者の見方が適切かどうかは、読者の忌憚のない批判に委ねるしかない。

また、本書は筆者が以前に書いた、開発体制、民主化、民主主義をキーワードにアジア二五ヵ国をみた『アジア政治とは何か――開発・民主化・民主主義再考』（中公叢書、二〇〇九年）に類似する試みでもあり、国家形成と指導者をキーワードにアジア一五ヵ国を一律に比較・考察したものである。前著がアジア全体の視点、本書が一つ一つの国の視点に立ったもの、言い換えると、前著がマクロ視点から、本書がミクロ視点からみたものになる。筆者個人としては、前著と合わせて、自分にとってのアジア地域研究の集大成といえるものだと思っている。

原稿は、中央公論新社の小野一雄さんにもみてもらったが、編集過程では、中公選書編集長の吉田大作さんに、たいへんお世話になった。もし表現や叙述がスッキリして読みやすいならば、筆者の拙い原稿にメスを入れてくれた吉田さんの編集者としての手腕によるところが大きい。記して感謝したい。とはいえ、内容についての責任は筆者にあることは、言うまでもない。

岩崎 育夫

二〇二四年九月

参考文献

天児慧『中国の歴史11　巨龍の胎動――毛沢東vs.鄧小平』講談社学術文庫、二〇二一年
天児慧『現代アジアの肖像4　鄧小平――「富強中国」への模索』岩波書店、一九九六年
天児慧他編『岩波　現代中国事典』岩波書店、一九九九年
池端雪浦編『新版世界各国史6　東南アジア史Ⅱ（島嶼部）』山川出版社、一九九九年
石井米雄・桜井由躬雄編『新版世界各国史5　東南アジア史Ⅰ（大陸部）』山川出版社、一九九九年
井出穣治『フィリピン――急成長する若き「大国」』中公新書、二〇一七年
伊藤亜人他監修『新版　韓国朝鮮を知る事典』平凡社、二〇一四年
岩崎育夫『アジア政治とは何か――開発・民主化・民主主義再考』中公叢書、二〇〇九年
岩崎育夫『物語　シンガポールの歴史』中公新書、二〇一三年
岩崎育夫『現代アジアの肖像15　リー・クアンユー――西洋とアジアのはざまで』岩波書店、一九九六年
宇野重昭『Century Books　人と思想33　毛沢東（新装版）』清水書院、二〇一六年
王輝（橋爪大三郎・張静華監修、中路陽子訳）『文化大革命の真実――天津大動乱』ミネルヴァ書房、二〇一三年
柿崎一郎『物語　タイの歴史――微笑みの国の真実』中公新書、二〇〇七年
辛島昇編『新版世界各国史7　南アジア史』山川出版社、二〇〇四年
辛島昇他監修『南アジアを知る事典』平凡社、一九九二年
木村幹『韓国現代史――大統領たちの栄光と蹉跌』中公新書、二〇〇八年

近藤正規『インド——グローバル・サウスの超大国』中公新書、二〇二三年
佐藤宏・岩崎育夫編著『アジア政治読本』東洋経済新報社、一九九八年
佐藤百合『経済大国インドネシア——21世紀の成長条件』中公新書、二〇一一年
徐大粛（古田博司訳）『現代アジアの肖像6 金日成と金正日——革命神話と主体思想』岩波書店、一九九六年
白石隆『現代アジアの肖像11 スカルノとスハルト——偉大なるインドネシアをめざして』岩波書店、一九九七年
末廣昭『タイ——開発と民主主義』岩波新書、一九九三年
末廣昭『タイ——中進国の模索』岩波新書、二〇〇九年
鈴木恒之『世界史リブレット人92 スカルノ——インドネシアの民族形成と国家建設』山川出版社、二〇一九年
武田幸男編『新版世界各国史2 朝鮮史』山川出版社、二〇〇〇年
筑摩書房編集部『ちくま評伝シリーズ〈ポルトレ〉インディラ・ガンディー——祖国の分裂・対立と闘った政治家』筑摩書房、二〇一五年
坪井善明『ヴェトナム現代政治』東京大学出版会、二〇〇二年
坪井善明『ヴェトナム新時代——「豊かさ」への模索』岩波新書、二〇〇八年
外山文子他編著『21世紀東南アジアの強権政治——「ストロングマン」時代の到来』明石書店、二〇一八年
中兼和津次『毛沢東論——真理は天から降ってくる』名古屋大学出版会、二〇二一年
長崎暢子編『世界歴史大系 南アジア史4——近代・現代』山川出版社、二〇一九年
中西嘉宏『ミャンマー現代史』岩波新書、二〇二二年
中村平治『Century Books 人と思想32 ネルー（新装版）』清水書院、二〇一四年
根本敬『現代アジアの肖像13 アウン・サン——封印された独立ビルマの夢』岩波書店、一九九六年
根本敬『物語 ビルマの歴史——王朝時代から現代まで』中公新書、二〇一四年
野村浩一『現代アジアの肖像2 蔣介石と毛沢東——世界戦争のなかの革命』岩波書店、一九九七年

萩原宜之『現代アジアの肖像14 ラーマンとマハティール――ブミプトラの挑戦』岩波書店、一九九六年
東島雅昌『民主主義を装う権威主義――世界化する選挙独裁とその論理』千倉書房、二〇二三年
古田元夫『東南アジア史10講』岩波新書、二〇二一年
古田元夫『現代アジアの肖像10 ホー・チ・ミン――民族解放とドイモイ』岩波書店、一九九六年
古田元夫『ベトナムの世界史――中華世界から東南アジア世界へ（増補新装版）』東京大学出版会、二〇一五年
湊一樹『「モディ化」するインド――大国幻想が生み出した権威主義』中公選書、二〇二四年
桃木至朗他編『新版 東南アジアを知る事典』平凡社、二〇〇八年
若林正丈『現代アジアの肖像5 蔣経国と李登輝――「大陸国家」からの離陸？』岩波書店、一九九七年
和田春樹『北朝鮮現代史』岩波新書、二〇一二年

岩崎育夫

アジア研究者
1949年長野県生まれ。立教大学文学部卒業。アジア経済研究所地域研究第一部主任調査研究員、拓殖大学国際学部教授などを歴任。専門は東アジア・東南アジアの政治発展論。著書に『リー・クアンユー』（岩波書店、1996年）、『華人資本の政治経済学』（東洋経済新報社、1997年。アジア・太平洋賞特別賞）、『アジア政治を見る眼』（中公新書、2001年）、『アジア政治とは何か』（中公叢書、2009年）、『物語 シンガポールの歴史』（中公新書、2013年）、『アジアの国家史』（岩波現代全書、2014年）、『入門 東南アジア近現代史』（講談社現代新書、2017年）などがある。

現代《げんだい》アジアの民主《みんしゅ》と独裁《どくさい》
――なぜ民主主義国《みんしゅしゅぎこく》で二世指導者《にせいしどうしゃ》が生《う》まれるのか

〈中公選書 154〉

著 者 岩崎育夫《いわさきいくお》

2024年11月10日 初版発行

発行者 安部順一

発行所 中央公論新社
〒100-8152 東京都千代田区大手町 1-7-1
電話 03-5299-1730（販売）
03-5299-1740（編集）
URL https://www.chuko.co.jp/

DTP 今井明子
印刷・製本 大日本印刷

©2024 Ikuo IWASAKI
Published by CHUOKORON-SHINSHA, INC.
Printed in Japan ISBN978-4-12-110156-3 C1322
定価はカバーに表示してあります。

落丁本・乱丁本はお手数ですが小社販売部宛にお送り下さい。
送料小社負担にてお取り替えいたします。

本書の無断複製（コピー）は著作権法上での例外を除き禁じられています。
また、代行業者等に依頼してスキャンやデジタル化を行うことは、たとえ個人や家庭内の利用を目的とする場合でも著作権法違反です。

中公選書　好評既刊

102
建国神話の社会史
――史実と虚偽の境界

古川隆久著

天照大神の孫が地上に降りて日本を統治し始めた――。『古事記』『日本書紀』の記述が「歴史的事実」とされた時、普通の人々は科学や民主主義との矛盾をどう乗り越えようとしたのか。

105
〈嘘〉の政治史
――生真面目な社会の不真面目な政治

五百旗頭　薫著

政治に嘘がつきものなのはなぜか。絶対の権力というものがあるとすれば、嘘はいらない。世界中に嘘が横行する今、近現代日本の経験は嘘を減らし、嘘を生き延びるための教訓となる。

107
平成の経済政策はどう決められたか
――アベノミクスの源流をさぐる

土居丈朗著

21世紀最初の二〇年間の日本の経済政策は、財政健全化とデフレ脱却を追求し続けてきたといえる。経済政策の立案に加わった五人の経済学者との対談を通じて今後の課題をあぶり出す。

113
後藤新平の台湾
――人類もまた生物の一つなり

渡辺利夫著

後藤の素質と思想が最大に活かされ、力量が発揮されたのは四十代の台湾総督府民政長官時代であった。「アヘンの島」を植民地経営の成功例としたものは何か。開発経済学の泰斗が描く。

115
ベネズエラ
溶解する民主主義、破綻する経済
坂口安紀著
チャベスの大統領就任以降、四〇〇万人以上が難民に。かつて二大政党制を長期間維持し「民主主義の模範」とされた豊かな産油国に何が起こったのか。経済破綻に向かう二〇年の軌跡。

116
大航海時代の日本人奴隷　増補新版
――アジア・新大陸・ヨーロッパ
ルシオ・デ・ソウザ
岡　美穂子著
異端審問記録に残された奴隷本人の証言。歴史のダークサイドとして省みられることのなかった日本人奴隷の実相を広い視野から紹介し、アジアにおける人身売買を新たな視角で検討する。

120
日本の私立大学はなぜ生き残るのか
――人口減少社会と同族経営：1992-2030
ジェレミー・ブレーデン
ロジャー・グッドマン著
石澤麻子訳
十八歳人口の減少によって、次々と経営破綻すると予想された日本の弱小私立大学。しかし今、その数は増えている。フィールドワークとデータ分析で導き出された日本社会の本質とは何か。

122
戦後日本の中国観
――アジアと近代をめぐる葛藤
小野寺史郎著
文化大革命や天安門事件は日本でどう理解されたか。敗戦、日中国交樹立、反日デモ……変わる日中関係は、日本の中国研究にどう影響したか。膨張を続ける隣国を冷静に見つめるために。

127
聯合艦隊　「海軍の象徴」の実像

木村　聡著

日清戦争時の臨時組織に過ぎなかった聯合艦隊は日露戦争の栄光を引っ提げ、常置されるものとなったが――。これまで海軍史の一部分でしかなかった聯合艦隊を中心に据えた初の通史。

128
分断の克服　1989-1990
統一をめぐる西ドイツ外交の挑戦

板橋拓己著

「ベルリンの壁」は崩れた。だがソ連は統一に反対、英仏が大国ドイツ復活を警戒する中、新生ドイツと新しい国際秩序はいかに創られたか。最新史料を駆使し描く。**大佛次郎論壇賞受賞作**

131
日本の保守とリベラル
――思考の座標軸を立て直す

宇野重規著

日本政治の対立軸として語られるようになった「保守」と「リベラル」は、本来対立するものなのか。欧米の政治思想史を参照しつつ、近現代日本にそれぞれの系譜を辿り、読み解く試み。

132
脱「中国依存」は可能か
――中国経済の虚実

三浦有史著

日本にとり中国は最大の貿易相手国だが、深まる一方の「中国依存」への不安も高まっている。バブル崩壊論でもバラ色の未来でもない中国経済の正しい見方と日本の取るべき指針とは。

133
大才子　小津久足
——伊勢商人の蔵書・国学・紀行文
菱岡憲司著

四つの名前を使い分けて生きた江戸時代最大の紀行文作家・小津久足。その営みを丹念に辿りながら、近代とは似て非なる、ありのままの江戸社会の姿を探る。　**サントリー学芸賞受賞作**

134
卑弥呼とヤマト王権
寺沢　薫著

三世紀初め、奈良盆地東南部の纏向の地を大王都として、卑弥呼は「新生倭国」の女王に共立された——。考古学の最新成果と中国史書の精読から、ヤマト王権誕生のドラマを再現する。

137
関東大震災がつくった東京
——首都直下地震へどう備えるか
武村雅之著

関東大震災の被害は、人口増を考慮しても、元禄・安政地震に比べ著しく大きい。被害を拡大させた要因は何か。江戸・東京の発展と震災後の帝都復興から、都市の在り方を考える。

138
所有とは何か
——ヒト・社会・資本主義の根源
岸　政彦
梶谷　懐編著

シェアがあるのに、なぜ人は所有を手放せないのか。経済学や社会学の第一線の研究者六人が、所有の謎をひもとき、人間の本性や社会の成立過程、資本主義の矛盾を根底から捉えなおす。

139
戦争とデータ
死者はいかに数値となったか

五十嵐元道著

近年、戦場での死者数は、国家や国連から統計学や法医学を駆使する国際的ネットワークが算出するようになった。「ファクト」を求める二〇〇年に及ぶ苦闘の軌跡。**大佛次郎論壇賞受賞作**

140
政治家 石橋湛山
――見識ある「アマチュア」の信念

鈴村裕輔著

戦前日本を代表する自由主義者・言論人は、戦後まもなく現実政治に飛び込む。派閥を率い、大臣を歴任し、首相となるも……。石橋は自らの政治理念を実現できたのか。その真価を問う。

141
ケネディという名の神話
――なぜ私たちを魅了し続けるのか

松岡　完著

衝撃的な暗殺から六〇年。良きにつけ悪しきにつけ、ケネディの遺産は今なお生き続けている。ケネディの魅力の源泉は何か。なぜ神話化が可能だったのか。生前・死後を包括的に検証する。

144
マッカーサー
――20世紀アメリカ最高の軍司令官なのか

リチャード・B・フランク著
ブライアン・ウォルシュ監訳
ウォルシュあゆみ訳

「天才的な軍人」でもなく、「中身のない大法螺吹き」でもない、生身の人間像が浮かび上がる。その言動や彼を取り巻く出来事は、アメリカの軍隊と軍人について知る上で示唆に富む。

146
統帥権の独立
――帝国日本「暴走」の実態
手嶋泰伸著
大日本帝国崩壊の最大要因とされてきた統帥権の「独立」。元老らはなぜ「独立」を支持し、政党人や軍人に否定論者がいながら、なぜ維持されたのか。明治期から敗戦までの政軍攻防史。

147
日本の小説の翻訳にまつわる特異な問題
――文化の架橋者たちがみた「あいだ」
片岡真伊著
谷崎、川端、三島の何が英語にならないのか。伝える術はあるのか。米クノップフ社の「日本文学翻訳プログラム」の史料群に分け入り、作家、翻訳者、編集者間の葛藤の根源を解き明かす。

148
日米ガイドライン
――自主防衛と対米依存のジレンマ
北井邦亮著
憲法第九条を持つ国家として、日本はどこまで軍事的な役割を担うことができるのか。一九七八年に策定されたこの取り決めの進化の軌跡を、日本の自主性の発露という視角から捉える。

149
インカ帝国――歴史と構造
渡部森哉著
一五世紀にアンデス山脈の山間部から台頭した巨大な政治組織。その領域は南北四〇〇〇キロに及び、およそ八〇もの民族集団を統治したこの帝国の全体像を人類史的視野の下に再現する。

150
ロシアとは何ものか
——過去が貫く現在
池田嘉郎著

過去一〇〇年ほどのあいだに、帝政から共産党独裁へ、そして大統領制国家へと変転を遂げたロシア。だが、権力者が法の上に君臨し続けるという基本構造は同じだ。その全体像を摑む。

151
「モディ化」するインド
大国幻想が生み出した権威主義
湊　一樹著

世界一の人口、急成長の経済で注目されるインド。世界最大の民主主義国として評価も高いがその実態は異なる。ナレンドラ・モディの首相就任後、権威主義化が急速に進む実像を描く。

152
チャップリンが見たファシズム
——喜劇王の世界旅行 1931-1932
大野裕之著

『街の灯』公開後、世界一周に出掛けたチャップリン。世界全体が激動の時代を迎えていた中、遭遇したファシズムの萌芽、来日と自身の暗殺計画——。一次資料を元にその足跡を追う。

153
「戦後」を読み直す
——同時代史の試み
有馬　学著

むのたけじ、山口瞳、『間違いだらけのクルマ選び』……。敗戦の年に生まれた歴史家が、人生のその時々に影響を受けた書物を読み返し、血肉化された「戦後」的価値観の解体過程を追う。